ことりっぷ 会話帖 co-Trip

イ◯◯語

電◯

無料ダ◯◯

できます♪

JN026298

《 電子書籍のいいところ 》
購入した「ことりっぷ」が
いつでも
スマホやタブレットで
持ち運べますよ♪

 まずは
ことりっぷアプリを
ダウンロード

詳しくは裏面で

🐦 電子書籍をダウンロードするには…

Step 1
「AppStore」または「GooglePlay」から〈ことりっぷ〉で検索してアプリをダウンロード

このアイコンが目印です

Step 2
アプリを起動し、まず会員登録してからログイン

Step 3
トップ画面にある電子書籍ボタンをタップ

Step 4
ストア画面の「QRコードスキャン」をタップ

Step 5
右のQRコードを読み取ります

Step 6
ことりっぷが本棚に追加されます

ことりっぷ co-Trip 会話帖

イタリア語

Italian

勇気を出してイタリア語で話しかけてみましょう。
すこしでも気持ちが伝われば旅はもっと楽しくなります。
いつもよりあたたかい旅を経験してみませんか？

会話帖 イタリア語を持って…

さあ、話してみましょう

旅に必要な基本会話から、とっておきの現地情報を聞いたり、
ツウな旅を楽しむためのフレーズや単語を集めました。
さあ、会話を楽しんでみませんか?

せっかく旅に出たのなら、現地の人と
コミュニケーションをとってみましょう。
簡単なあいさつでもその土地の言葉
で元気よく話しかければ、現地の人も
笑顔で応えてくれますよ。

グルメ、ショッピング、エステに観光な
ど、会話を楽しむシーンはいっぱいで
す。少しの会話でも、いつもと違った体
験ができるかも!?会話で旅はもっと
楽しくなります。

おすすめは何ですか?
Che cosa mi consiglia?
ケ コザ ミ コンシーリア

check list

コロッセオはどこですか?
Dov'è il Colosseo?
ドヴェ イル コロッセオ

ピッツァ・マルゲリータをください。
Vorrei una pizza Margherita.
ヴォレイ ウナ ピッツァ マルゲリータ

人気のものはどれですか?
Qual'è più di successo?
クアレ ピュー ディ スチェッソ

3

HOW TO ことりっぷ会話帖

ことりっぷ会話帖は、見ためがかわいいだけではなく、内容も盛りだくさん。事前にちょこっとお勉強するのも◎。現地でも使いやすい会話帖をうまく使いこなすコツを教えます。

イタリア語

"カフェで何といえば注文できるの?" "化粧水って何ていうの?" など、いざという時に困ったことはありませんか?そんな時にシチュエーション別の構成は現地に行っても探しやすいです。シチュエーションに関連したフレーズや単語も充実しています。こんなフレーズほしかったという声にお応えした会話帖です。

使えるポイントはココ

● シチュエーション別の構成で使いやすい

● さまざまなシーンでの基本フレーズが充実

● 単語集は和伊が多く現地でも役立ちます

1 シチュエーション別にアイコンがついています

シチュエーション別で分かれている「グルメ・ショッピング・ビューティ・見どころ・エンタメ・ホテル」は、それぞれのアイコンがタイトルの横についているのですぐに見つけることができます。

2 単語が入れ替えてきて使いやすい

数字や地名など、入れ替えるだけで使えます。

| コロッセオへ行きたいのですが。 | Vorrei andare al Colosseo.
ヴォレイ アンダーレ アル コロッセオ
I'd like to go to the Colosseo. |

3 重要フレーズが探しやすい

特に重要なフレーズは一目でわかるようになっています。

| デパートはどこにありますか? | Dove c'è un grande magazzino?
ドヴェ チェ ウン グランデ マガジーノ
Where is the department store? |

4 相手の言葉もすぐ分かります

現地の人がよく使うフレーズも掲載しています。事前にチェックしておけば、あわてずにすみますね。

| 右に曲がると左手にあります。 | Giri a destra, e poi lo trova alla Sua sinistra.
ジーリ ア デストラ エ ボイ ロ トローヴァ アッラ スーア シニーストラ
Turn right and it's on your left. |

5 イタリア語以外にも英語表記があります

英語の表記も掲載しています。イタリア語が通じなかったら英語で試してみましょう。

| 日本語のメニューはありますか? | Avete un menù in giapponese?
アヴェーテ ウン メヌ イン ジャッポネーゼ ●
Do you have a Japanese menu? |

まずは街並みをおさんぽしてみましょう

街中が美術館のように美しいイタリア。都市によって美しさもさまざまです。石畳の足元に気をつけながら、街歩きを楽しみましょう。

通りすがりに使うフレーズはコチラ

ちょっとおたずねしてもいいですか?	Posso farLe una domanda? ポッソ ファールレ ウナ ドマンダ Excuse me.
コロッセオへ行きたいのですが。	Vorrei andare al Colosseo. ヴォレイ アンダーレ アル コロッセオ I'd like to go to the Colosseo.
この住所に行きたいのですが。	Vorrei andare a questo indirizzo. ヴォレイ アンダーレ ア クエスト インディリィッツォ I'd like to go to this address.
右に曲がると左手にあります。	Giri a destra, e poi lo trova alla Sua sinistra. ジーリ ア デストラ エ ボイ ロ トローヴァ アッラ スーア シニーストラ Turn right and it's on your left.
この地図でどこですか?	Dove lo si trova in questa mappa? ドヴェ ロ スィ トローヴァ イン クエスタ マッパ Where is it on this map?
道に迷ってしまいました。	Mi sono perso. ミ ソノ ベルソ I'm lost.
ここはどこですか?	Dove sono? ドヴェ ソノ Where am I?
ここは何通りですか?	Come si chiama questa via? コメ スィ キアーマ クエスタ ヴィア What is this street's name?
歩いてそこまで行けますか?	Posso andare a piedi fino a lì? ポッソ アンダーレ ア ピエーディ フィーノ ア リ ● Can I walk there?
どのバスで行けますか?	Qual'è l'autobus per andarci? クアレ ラウトブス ベル アンダールチ ● Which bus should I take?

22

6 対話形式でやりとりも把握できます

実際の対話例を掲載しているので、どのようにやり取りしたらよいかがわかります。

 こんにちは → 何名様ですか?

Buongiorno. → Quanti siete?
ブオンジョルノ クアンティ シエーテ ●

甘さ控えめなものはありますか?
Avete qualcosa con meno zucchero?
アヴェーテ クアルコーザ コン メーノ ズッケロ ●

ビスケットはいかがですか?
Vuole dei biscotti?
ヴォーレ デイ ビスコッティ ●

4

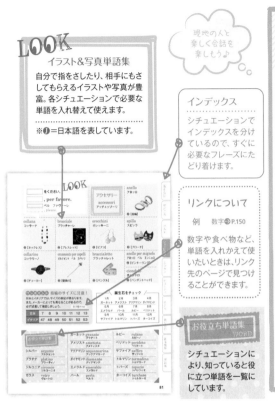

現地の人と
楽しく会話を
楽しもう♪

LOOK
イラスト&写真単語集

自分で指をさしたり、相手にもさしてもらえるイラストや写真が豊富。各シチュエーションで必要な単語を入れ替えて使えます。

※**⤇**＝日本語を表しています。

インデックス

シチュエーションでインデックスを分けているので、すぐに必要なフレーズにたどり着けます。

リンクについて

例　数字➡P.150

数字や食べ物など、単語を入れかえて使いたいときは、リンク先のページで見つけることができます。

お役立ち単語集
WORD

シチュエーションにより、知っていると役に立つ単語を一覧にしています。

ことりっぷ会話帖で、積極的に現地の人とコミュニケーションを♪

コツ 1 巻頭のあいさつや定番フレーズを事前に覚えておきましょう

簡単なあいさつや基本のフレーズを覚えておけばいざというとき便利です。
➡**P.10**

コツ 2 写真・イラスト単語を相手に見せて伝えよう

うまく伝わらなかったら写真やイラストを見せて自分の意思を伝えてみましょう。
（例）➡**P.33・44・77** など

コツ 3 日本の文化紹介をして積極的にコミュニケーション

海外では日本文化に興味のある人も多いです。自分の国について紹介できれば、会話もはずみます。
➡**P.146**

発音・フリガナについて

それぞれのフレーズ、単語にはカタカナ表記を付けています。そのまま読めば、現地のことばに近い音になるように工夫してありますので、積極的に声に出してみてください。**⤇**がある疑問文のフレーズは、尻上がりに読めばOKです。

● 基本はローマ字読み

イタリア語の表記は、21文字のアルファベットから成っています。まずはアルファベットの読み方を覚え、これを応用してローマ字読みの発音をすればたいてい相手に伝わります。また、latte（ラッテ）、ferro（フェッロ）など同じ子音が重なるときや、gli、sciなどの音節の前は詰まる「ッ」です。

● Rの発音は巻き舌で

できればlとrを区別して発音できるようにしましょう。lは舌先を歯の裏につけて日本語のラ行の発音をします。これに対して rは巻き舌で発音します。rrの場合は1つのときより激しく巻き舌にします。

ことりっぷ co-Trip 会話帖

イタリア語

Contents

シーン別の会話は、

📷 見どころ
🍴 グルメ
🛍 ショッピング
🎵 エンタメ
💅 ビューティ
🛏 ホテル

の6つのジャンルで
紹介しています。

コラム

Italian

イタリアってこんなところです

グルメに名画に素敵な街並み…イタリアは多くの人々を惹きつけます。

イタリアのきほん

 話されている言葉は？

 イタリア語です

北部では、ドイツ語やフランス語も話されています。

 通貨は？

 ユーロです

欧州共通通貨のユーロが使われています。補助通貨はセント。イタリア語では「エウロ」、「チェンティージモ」。

 旅行シーズンは？

 春と秋がベスト

国土が南北に細長いため、地域によって気候が異なり、四季がはっきりしています。ベストシーズンは都市や目的によりますが、気候が良く、あまり混雑しない春と秋の旅行がおすすめ。

イタリアのマナーを知っておきましょう

○あいさつが大切：イタリア人はあいさつを重視し、知らない人同士でも声をかけ合います。声をかけられたらあいさつを返してみましょう。
○教会での注意点：キリスト教の聖地ヴァチカンを擁するイタリアには、世界中から敬虔な信者が訪れます。教会では節度ある行動を。また、肌の露出の多い服装での入場は禁止されていることも。
○禁煙法：レストランやカフェ、バール、美術館などの建物内や、電車やバスなどの交通機関は禁煙。喫煙スペースや屋外は基本的にOKですが、念のため確認しましょう。

イタリアのおもな地名はこちら

Milano
ミラノ
世界の流行発信地として名高いミラノ。レオナルド・ダ・ヴィンチの代表作『最後の晩餐』が描かれているドメニコ会修道院があることでも知られています。

ドロミーテ
トレンティー
アルト・
アディジェ州
Trentino-Alto Adige
ヴァッル・
ダオスタ州
Valle d'Aosta
コモ湖
ガルダ湖
ヴェロー
ミラノ
ヴェネト
Veneto
ピエモンテ州
Piemonte
エミリア・ロマーニャ州
Emilia-Romagna
リグーリア州
Liguria
フィレンツェ
ピサ
シエ
リグーリア海
Mare Ligure
トスカーナ
Toscana
ローマ
ヴァチカン市
サルデーニャ州
Sardegna

Firenze
フィレンツェ
ルネサンス文化が栄えた「花の都」。その美しさから「天井のない美術館」とも呼ばれています。

Roma
ローマ
世界遺産が点在する「永遠の都」。カトリックの総本山であるヴァチカン市国（Stato della città del Vaticano）も見どころ。カルボナーラなどローマ発祥のパスタも楽しみましょう。

その他の
観光スポット
WORD

ピサ	アルベロベッロ	シチリア
Pisa	Alberobello	Sicilia
ピサ	アルベロベッロ	シチーリア
ヴェローナ	**シエナ**	**アッシジ**
Verona	Siena	Assisi
ヴェローナ	シエナ	アッシージ

Venezia
ヴェネツィア

アドリア海に浮かぶ水上
都市。サン・マルコ広場や
リアルト橋などが見どこ
ろ。新鮮な魚介を使った
料理も試したいです。

Sud Italia
南イタリア

青の洞窟が有名なカプリ島、イ
タリア屈指のリゾート地アマル
フィ(Amalfi)、ピッツァの発
祥地といわれているナポリ
(Napoli)など、見逃せない場
所が多い地域です。

DATA

正式国名／イタリア共和国
人口／約5885万人
面積／約30万2000k㎡
首都／ローマ
日本との時差／−8時間
(サマータイム時は−7時間)

イタリアの治安は?

あまり治安が良いとはいえないイタリ
ア。置き引きやスリにあわないよう、駅
構内や観光名所などではとくに気を引
き締めましょう。

ワンポイント

地名を使って会話してみよう

に行きたいのですが。

Vorrei andare a [　　　　] .

ヴォレイ　アンダーレ　ア [　　　　]

目的地を伝えるとき
は、地名をはっきり言
いましょう。

出身地はどこですか?

Di dov'è?

ディ　ドヴェ

出身は [　　　　] **です。**

Sono di [　　　　] .

ソノ　ディ [　　　　]

現地の人とコミュニケーションをとって、
旅にスパイスを加えましょう。

まずはあいさつから始めましょう

コミュニケーションの始まりは、あいさつから！
まずは基本のあいさつを覚えて、積極的に使うことから始めましょう。

おはよう。／こんにちは。／こんばんは。
Buongiorno. ／ Buongiorno. ／ Buonasera.
ブオンジョルノ／　　　ブオンジョルノ／　　　ブオナセーラ
Good morning. ／ Good afternoon. ／ Good evening.

さようなら。(丁寧)／さようなら。(カジュアル)
Arrivederci. ／ Ciao.
アッリヴェデルチ／　　チャオ
Good-bye. ／ Bye.

はい。／いいえ。
Sì. ／ No.
スィ／　ノ
Yes. ／ No.

よい1日を。
Buona giornata.
ブオナ　　ジョルナータ
Have a nice day.

ありがとう。
Grazie.
グラッツィエ
Thank you.

どういたしまして。
Prego.
プレーゴ
You are welcome.

またね！／また明日。
A presto! ／ A domani!
ア　プレスト！／　ア　ドマーニ！
Bye! ／ See you tomorrow.

見どころ

グルメ

ショッピング

エンタメ

ビューティ

ホテル

乗りもの

基本情報

単語集

意思はハッキリ伝えましょう！

人に何かたずねられたら、「はい」「いいえ」をハッキリ言いましょう。明確な意思表示をしなかったり、あいまいにうなずいたりするだけでは思わぬトラブルを招きます。

 はじめまして。私はスズキハナコです。
Piacere, sono Hanako Suzuki .
ピアチェーレ　ソノ　ハナコ　スズキ
Nice to meet you. I'm Hanako Suzuki.

お目にかかれてうれしいです。
Sono molto lieto di conoscerLa.
ソノ　　モルト　リエート ディ コノッシェルラ
I'm glad to see you.

 日本から来たのですか？
È dal Giappone?
エ　ダル　ジャッポーネ
Are you from Japan?

はい、東京から来ました。
Sì, vengo da Tokyo .
スィ ヴェンゴ ダ　トウキョ
Yes, I'm from Tokyo.

 すみません。（何かをたずねる）
Mi scusi.
ミ　スクーズィ
Excuse me.

なんでしょうか？
Come?
コーメ
Pardon?

11

定番フレーズを覚えましょう

旅先でよく使う簡単なフレーズを集めました。
これだけで、コミュニケーションの幅がぐっと広がります。

旅行前に覚えておくと
便利ですよ。

どのくらいですか？(時間)
Quanto tempo ci vuole?
クアント　　テンポ　チ　ヴォーレ 🎵
How long does it take?

いくらですか？
Quanto costa?
クアント　　　コスタ 🎵
How much is it?

はい、お願いします。／いいえ、結構です。
Sì, prego. ／ No, grazie.
スィ　プレーゴ／　　ノー　グラッツィエ
Yes, please. ／ No, thank you.

これは何ですか？
Cos'è questo?
コゼー　　クエスト 🎵
What is this?

わかりません。
Non ho capito.
ノノ　　　　カピート
I don't understand.

知りません。
Non lo so.
ノン　　ロ　ソ
I don't know.

もう1回言ってください。
Può ripetere, per favore?
プオ　リペーテレ　　　ペル　ファヴォーレ 🎵
Please repeat that again.

ゆっくり話してもらえますか？

Può parlare più lentamente, per favore?

プオ バルラーレ ピュー レンタメンテ ベル ファヴォーレ 🔊

Could you speak more slowly?

日本語［英語］のできる人は いますか？

C'è qualcuno che parla giapponese[inglese]?

チェ クアルクーノ ケ バルラ ジャッポネーゼ［イングレーゼ］🔊

Is there anyone who speaks Japanese [English] ?

いいですよ。／OK。

Certo. ／ OK.

チェルト／　　　オーケ

Sure. ／ OK.

私？／あなた？

Io? ／ Lei?

イオ 🔊 ／　レイ 🔊

Me? ／ You?

これをください。

Questo, per favore.

クエスト　　　　　ベル　ファヴォーレ

Can I have this?

おっしゃったことを 書いてもらえますか？

Può scrivere quello che ha detto?

プオ スクリーヴェレ クエッロ ケ ア デット 🔊

Could you write down what you said?

とってもよいです。／ まあまあです。

È molto buono. ／ Non c'è male.

エ モルト ブォーノ／　ノン チェ マーレ

It's very good. ／ It's not bad.

だめです。

No.

ノー

No.

ごめんなさい。

Mi dispiace.

ミ　　ディスピアーチェ

I'm sorry.

いつ？／誰？／どこ？／なぜ？

Quando?／Chi?／Dove?／Perché?

クアンド 🔊 ／ キ 🔊 ／ ドヴェ 🔊 ／ベルケ 🔊

When? ／ Who? ／ Where? ／ Why?

基本会話

見どころ

グルメ

ショッピング

エンタメ

ビューティ

ホテル

乗りもの

基本情報

単語集

知っていると便利なフレーズたちを集めました

[____] をください。

[____] , per favore.

[____] ペル ファ**ヴォ**ーレ

[____] , please.

Point　~ , per favore. は、要望を相手に伝える表現。[____] に「物」や「サービス」などを入れて頼みましょう。ほしい物を受け取ったときや、何かしてもらったときには Grazie.（ありがとう）のひとことを忘れずに。

コーヒー	紅茶	コーラ
caffè カッ**フェ** coffee	tè テ tea	coca-cola コカ**コ**ーラ coke

ミネラルウォーター	ビール	赤ワイン
acqua minerale **ア**ックァ　ミネ**ラ**ーレ mineral water	birra **ビ**ッラ beer	vino rosso **ヴィ**ーノ　**ロ**ッソ red wine

牛肉	鶏肉	ピザ
carne di manzo **カ**ルネ　ディ　**マ**ンゾ beef	carne di pollo **カ**ルネ　ディ　**ポ**ッロ chicken	pizza **ピ**ッツァ pizza

パニーニ	メニュー	地図
panino パ**ニ**ーノ panini	menu メ**ヌ** menu	mappa **マ**ッパ map

旅先では特によく使う表現。たくさん使って覚えましょう。

	パンフレット	レシート
	opuscolo オ**プ**ースコロ brochure	ricevuta リチェ**ヴ**ータ receipt

基本会話

見どころ

グルメ

ショッピング

エンタメ

ビューティ

ホテル

乗りもの

基本情報

単語集

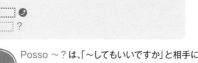

　　　　　 してもいいですか?

Posso 　　　　　 ?

ポッソ 　　　　　🔊
Can I 　　　　　 ?

Point Posso ～? は、「～してもいいですか」と相手に許可を求める表現。また「～できますか」とたずねる表現。 　　　　　 に自分がしたいことを入れてたずねます。相手はたいてい Si (はい) か No (いいえ) で答えてくれます。

写真を撮る fare una fotografia **ファーレ ウナ フォトグラフィーア** take a picture	**トイレに行く** andare in bagno **アンダーレ イン バンニョ** go to a toilet	**注文する** ordinare **オルディナーレ** order
ここに座る sedermi qui **セデールミ クイ** sit here	**窓を開ける** aprire la finestra **アプリーレ ラ フィネストラ** open the window	**予約する** fare una prenotazione **ファーレ ウナ プレノタッツィオーネ** make a reservation
チェックインする fare il check-in **ファーレ イル チェックイン** check in	**そこに行く** andare lì **アンダーレ リ** go there	**ここにいる** stare qui **スターレ クイ** stay here
電話を使う usare il telefono **ウザーレ イル テレーフォノ** use a phone	**あとで電話する** chiamare più tardi **キアマーレ ピュー タルディ** call later	**クーポンを使う** usare un coupon **ウザーレ ウン クポン** use a coupon
徒歩でそこへ行く andarci a piedi **アンダールチ ア ピエーディ** walk there	人物を写真におさめたいときは許可を得ましょう。	**ここで支払う** pagare qui **パガーレ クイ** pay here

15

知っていると便利なフレーズたちを集めました

【　　　　　】はどこですか?

Dov'è 【　　　　　】?

ドヴェ 【　　　　　】

Where is 【　　　　　】?

Point Dov'è ~? は、「場所」などをたずねる表現。どこかへ行きたいときや、探し物があるときに使います。【　　　　　】に「場所」「物」「人」などを入れてたずねればOK。

このレストラン

questo ristorante
クエスト リストランテ
this restaurant

トイレ

il bagno
イル バンニョ
a restroom

駅

la stazione
ラ スタッツィオーネ
a station

地下鉄の駅

la stazione della metropolitana
ラ スタッツィオーネ デッラ メトロポリターナ
a subway station

きっぷ売り場

la biglietteria
ラ ビッリェッテリーア
a ticket booth

私の席

il mio posto
イル ミオ ポスト
my seat

カフェ

un bar
ウン バール
a cafe

案内所

l'ufficio informazioni
ルッフィーチョ インフォルマッツィオーニ
an information center

エスカレーター

la scala mobile
ラ スカラ モービレ
an escalator

エレベーター

l'ascensore
ラッシェンソーレ
an elevator

階段

la scala
ラ スカーラ
stairs

銀行

la banca
ラ バンカ
a bank

迷子になったときに使いましょう。

郵便局

l'ufficio postale
ルッフィーチョ ポスターレ
a post office

警察

la polizia
ラ ポリッツィーア
a police station

16

基本会話

見どころ

グルメ

ショッピング

エンタメ

ビューティ

ホテル

乗りもの

基本情報

単語集

☐☐☐☐ はありますか?

Avete ☐☐☐☐ ?

アヴェーテ ☐☐☐☐ 🔊

Do you have ☐☐☐☐ ?

Point
Avete ～? は、「～はありますか」とたずねる表現。☐☐☐☐ に「品物」
や「料理」などを入れて、店で自分のほしい物を売っているかたずねたり、
レストランで注文するときなどに使います。

薬

delle medicine
デッレ メディチーネ
medicines

ティッシュ

un fazzolettino di carta
ウン ファッツォレッティーノ ディ カルタ
a tissue paper

雑誌

una rivista
ウナ リヴィスタ
a magazine

チョコレート

del cioccolato
デル チョッコラート
chocolate

変圧器

una sottostazione elettrica
ウナ ソットスタッツィオーネ エレットリカ
a transformer

地図

una mappa
ウナ マッパ
a map

ジャム

della marmellata
デッラ マルメッラータ
jam

ケチャップ

del ketchup
デル ケチャップ
ketchup

塩

del sale
デル サーレ
salt

コショウ

del pepe
デル ペーペ
pepper

紙ナプキン

un tovagliolo di carta
ウン トヴァッリョーロ ディ カルタ
a paper napkin

電池

una pila
ウナ ピーラ
a battery

コピー機

una fotocopiatrice
ウナ フォトコピアトリーチェ
a copy machine

> 生理用のナプキンは
> assorbente (アッ
> ソルベンテ) です。

はさみ

delle forbici
デッレ フォルビチ
scissors

知っていると便利なフレーズたちを集めました

　　　　　　を探しています。

Sto cercando 　　　　　　.

スト　チェル**カンド**

I'm looking for 　　　　　.

Point　Sto cercando ～ . は、「～を探しています」と相手に伝える表現。「なくした物」、「買いたい物」、「ほしい物」だけでなく、「行きたい場所」などを伝えるときにも使います。

私のさいふ
il mio portafoglio
イル　ミオ　ポルタフォーリオ
my wallet

私のパスポート
il mio passaporto
イル　ミオ　パッサポルト
my passport

私のカメラ
la mia macchina fotografica
ラ　ミア　マッキナ　フォトグラーフィカ
my camera

トイレ
un bagno
ウン　バンニョ
a restroom

出口
un'uscita
ウヌッシータ
an exit

入口
un'entrata
ウネントラータ
an entrance

Tシャツ
una maglietta
ウナ　マッリエッタ
a T-shirt

靴
delle scarpe
デッレ　スカルペ
shoes

かばん
una borsa
ウナ　ボルサ
a bag

化粧品
dei cosmetici
デイ　コズメーティチ
cosmetics

写真店
un fotografo
ウン　フォトーグラフォ
a photo shop

両替所
l'ufficio di cambio
ルッフィーチョ　ディ　カンビオ
a money exchange

「人」を探すときにも使えます。

本屋
una libreria
ウナ　リブレリーア
a bookstore

アスピリン
un'aspirina
ウナスピリーナ
an aspirin

［　　　　］ してくれませんか?

Può ［　　　　］ ?

プオ ［　　　　］
Could you ［　　　　］ ?

Point Può ～? は、「よろしければ～してくれませんか」とていねいに相手に伝える表現。［　　　　］ に「相手にしてほしいこと」を入れて使います。

お願いを聞く

farmi un favore
ファルミ ウン ファ**ヴォ**ーレ
do me a favor

助ける、手伝う

aiutarmi
アイウ**タ**ルミ
help me

もう一度言う

ripetere
リペーテレ
say that again

ゆっくり言う

parlare più lentamente
パル**ラ**ーレ **ピュ**ー レンタメンテ
speak more slowly

（今）言ったことを書く

scrivere quello che ha detto
スクリーヴェレ ク**エ**ッロ ケ ア **デ**ット
write down what you said

タクシーを呼ぶ

chiamarmi un taxi
キア**マ**ールミ ウン **タ**クスィ
call me a taxi

道を教える

indicarmi la strada
インディ**カ**ールミ ラ スト**ラ**ーダ
show me the way

毛布をくれる

darmi una coperta
ダルミ **ウ**ナ コペルタ
give me a blanket

医者を呼ぶ

chiamare un dottore
キア**マ**ーレ ウン ド**ト**ーレ
call me a doctor

少し待つ

aspettare un minuto
アスペッ**タ**ーレ ウン ミ**ヌ**ート
wait a minute

探す

cercare
チェル**カ**ーレ
look for it

案内する

guidare
グイ**ダ**ーレ
show me around

荷物を運ぶ

portare i bagali
ポル**タ**ーレ イ バ**ガ**ッリ
carry the luggages

~ , per favore. より遠慮の気持ちがこめられた表現です。

連絡先を教える

fare sapere l'indirizzo
ファーレ サペーレ リンディ**リ**ッツォ
tell me your address

19

現地の人に気持ちを伝えてみましょう

イタリアの
ことば

イタリア語を覚えるのはちょっと大変ですが、感情がすぐに伝わるひとことを
事前に覚えておけば、現地で地元の人とも早く仲良くなれますよ。

気軽にあいさつ
するときは…

Ciao! チャオ
やあ！／じゃあ、また！

親しい人の間で使われる最も一般的なあいさつです。出会ったときだけでなく、別れるときも使えます。

超○○！
と言いたい

Strabuono! ストラブオーノ
超おいしい！

stra-を前につけると、日本語のように超○○！と言うことができます。

相手をはげまし
たいときは…

Forza! フォルツァ
がんばって！

相手に「がんばって」と伝えたいときは、このひと言をどうぞ。

「何てこと！」と
伝えたいときは…

Mamma mia!
マンマ　ミーア
何てこと！

大きな感動や驚きを表す言葉。

素敵なヒトを
見かけたら…

Che bello! ケ　ベッロ
なんてステキなの！

「ステキ」な対象が男性、または男性詞の場合、こう言います。

番外編
ですが…

Ho una fidanzata amorevole!
オ　ウナ　フィダンザァータ　アモレーヴォレ
私には愛する恋人がいます。

ナンパされてお断りしたいときにどうぞ。

Ciao bella! は「美しい人」という意味のナンパ定番フレーズです。このフレーズを聞いたら要注意!?

イタリア語の会話のコツを覚えておきましょう

よいコミュニケーションに必要なのは、何も言葉の知識だけではありません。
その国の文化や考え方、行動の背景を知ることも大切ですね。

相手にフレンドリーなのは大切ですが、日本人特有の「ごまかし笑い」はトラブルのもとなので要注意。

ショップなどで試着したいときは、店員さんにPosso provare questo?（**ポッソ　プロヴァーレ　クエスト**）と声かけを。

街なかでだれかの体に触れてしまったら、必ず「スクーズィ」（すみません）と言いましょう。やむをえない場合でも、声をかけないのはマナー違反です。

話を聞きながらむやみにうなずくのはやめましょう。相手の言葉に納得しているととられかねません。

こんなシーンで
実際に使ってみましょう

旅先ではさまざまなシーンに出くわすでしょう。
おいしい料理を堪能したり、ショッピングでお目当てのアイテムをゲットしたり。
または、道に迷ったり、持ち物をなくしてしまったりすることもあるかもしれません。
よい思い出を倍増させ、いざというときにあなたを助けてくれるのが現地の人々との
会話なんです。
現地の人々と積極的にコミュニケーションを取って、あなたの旅を
より魅力的なものにしましょう。

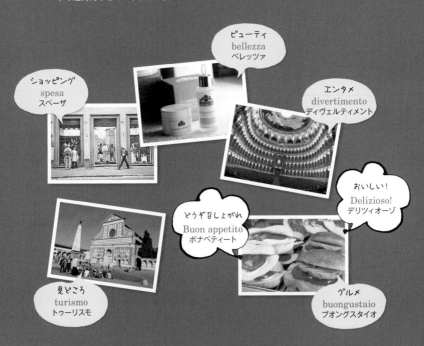

ビューティ
bellezza
ベレッツァ

ショッピング
spesa
スペーザ

エンタメ
divertimento
ディヴェルティメント

おいしい！
Delizioso!
デリツィオーゾ

どうぞ召し上がれ
Buon appetito
ボナペティート

見どころ
turismo
トゥーリスモ

グルメ
buongustaio
ブオングスタイオ

まずは街並みをおさんぽしてみましょう

街中が美術館のように美しいイタリア。都市によって美しさも
さまざまです。石畳の足元に気をつけながら、街歩きを楽しみましょう。

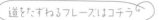

道をたずねるフレーズはコチラ

ちょっとおたずねしても いいですか？	**Posso farLe una domanda?** ポッソ　ファールレ　ウナ　ドマンダ 🔊 Excuse me.
コロッセオへ 行きたいのですが。	**Vorrei andare al Colosseo.** ヴォレイ　アンダーレ　アル　コロッセオ I'd like to go to the Colosseo.　　　観光地 ▶ P.32
この住所に 行きたいのですが。	**Vorrei andare a questo indirizzo.** ヴォレイ　アンダーレ　ア　クエスト　インディリィッツォ I'd like to go to this address.
右に曲がると左手に ありますよ。	Giri a destra, e poi lo trova alla Sua sinistra. ジーリ　ア　デストラ　エ　ポイ　ロ　トローヴァ　アッラ　スア　スィニーストラ Turn right and it's on your left.
この地図で どこですか？	**Dove lo si trova in questa mappa?** ドヴェ　ロ　スィ　トローヴァ　イン　クエスタ　マッパ 🔊 Where is it on this map?
道に迷って しまいました。	**Mi sono perso.** ミ　ソノ　ペルソ I'm lost.
ここはどこですか？	**Dove sono?** ドヴェ　ソノ 🔊 Where am I?
ここは何通りですか？	**Come si chiama questa via?** コメ　スィ　キアーマ　クエスタ　ヴィア 🔊 What is this street's name?
歩いてそこまで 行けますか？	**Posso andare a piedi fino a lí?** ポッソ　アンダーレ　ア　ピエーディ　フィーノ　ア　リ 🔊 Can I walk there?
どのバスで 行けますか？	**Qual'è l'autobus per andarci?** クアレ　ラウトブス　ペル　アンダールチ 🔊 Which bus should I take?

あの～すみませ～ん。
Scusi.
スクーズィ

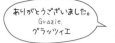

ありがとうございました。
Grazie.
グラッツィエ

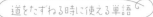

道をたずねる時に使える単語

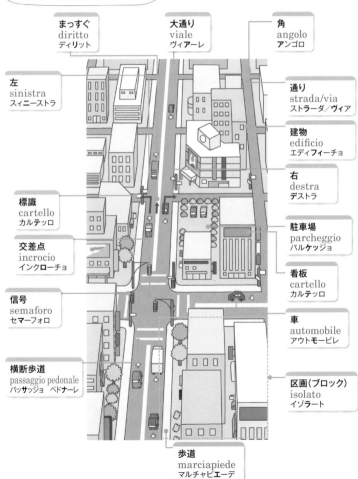

まっすぐ
diritto
ディリット

大通り
viale
ヴィアーレ

角
angolo
アンゴロ

左
sinistra
スィニーストラ

通り
strada/via
ストラーダ／ヴィア

建物
edificio
エディフィーチョ

右
destra
デストラ

標識
cartello
カルテッロ

交差点
incrocio
インクローチョ

信号
semaforo
セマーフォロ

駐車場
parcheggio
パルケッジョ

看板
cartello
カルテッロ

車
automobile
アウトモービレ

横断歩道
passaggio pedonale
パッサッジョ　ペドナーレ

区画（ブロック）
isolato
イゾラート

歩道
marciapiede
マルチャピエーデ

まずは街並みをおさんぽしてみましょう

観光地や美術館で

今日ウッフィッツィ美術館は開いていますか?	**Oggi è aperta la Galleria degli Uffizi?** オッジ エ アペルタ ラ ガッレッリーア デッリッフィーツィ Is the Uffizi Museum open today?　　観光地 P.32
開いています。／休みです。	**Sì, lo è. / No, non lo è.** スィ ロ エ／ノ ノン ロ エ Yes, it is. / No, it isn't.
入場料はいくらですか?	**Quanto costa l'ingresso?** クアント コスタ リングレッソ How much is the admission?
入館割引はありますか?	**Ci sono sconti?** チ ソノ スコンティ Do you have any discounts?
大人2枚お願いします。	**Per 2 adulti, per favore.** ペル ドゥエ アドゥルティ ペル ファヴォーレ Two adults, please.　　数字 P.150
今日は何時まで開いていますか?	**Fino a che ora siete aperti oggi?** フィーノ ア ケ オーラ スィエーテ アペルティ オッジ How late are you open today?
日本語のパンフレットはありますか?	**Avete un opuscolo in giapponese?** アヴェーテ ウノプースコロ イン ジャッポネーゼ Do you have a Japanese brochure?
荷物を預かってもらえますか?	**Posso depositare la mia borsa?** ポッソ デポズィターレ ラ ミア ボルサ Could you store my baggage?
ここには何がありますか?	**Cosa c'è qui?** コザ チェ クィ What is here?
何か有名な作品はありますか?	**C'è qualche opera famosa?** チェ クアルケ オーペラ ファモーザ Are there any famous works here?
これはいつ建てられましたか?	**Quando è stato costruito?** クアンド エ スタート コストゥルイート When was it built?

何時に始まりますか?	**A che ora inizia?** ア ケ **オ**ーラ イ**ニ**ッツィア	What time does it start?
あの教会は 何という名前ですか?	**Qual'è il nome della chiesa?** ク**ア**レ イル **ノ**ーメ **デ**ッラ キ**エ**ーザ	What is the name of that church?
内部は 見学できますか?	**Posso dare un'occhiata dentro?** **ポ**ッソ **ダ**ーレ ウ**ノ**ッキ**ア**ータ **デ**ントロ	Can I take a look inside?
入ってもいいですか?	**Posso entrare?** **ポ**ッソ エント**ゥラ**ーレ	Can I go in?
出口 [入口] は どこですか?	**Dov'è l'uscita[l'entrata]?** ド**ヴェ** ル**シ**ータ [レント**ラ**ータ]	Where is the exit[entrance]?
一番近いトイレは どこですか?	**Dov'è il bagno più vicino?** ド**ヴェ** イル **バ**ンニョ **ビュ**ー ヴィ**チ**ーノ	Where is the nearest restroom?
写真を撮って いただけませんか?	**Può farmi una foto, per favore?** プ**オ** ファ**ル**ミ **ウ**ナ **フォ**ト **ペ**ル ファ**ヴォ**ーレ	Could you take a photo?
ボタン (シャッター) を押すだけです。	**Basta spingere il bottone.** **バ**スタ ス**ピ**ンジェレ **イ**ル ボッ**ト**ーネ	Just push the button.
写真を撮っても いいですか?	**Posso fare delle fotografie?** **ポ**ッソ **ファ**ーレ **デ**ッレ フォトグラ**フィ**ーエ	Can I take pictures?
フラッシュを たいてもいいですか?	**Posso usare il flash?** **ポ**ッソ ウ**ザ**ーレ **イ**ル フ**ラ**ッシュ	Can I use a flash?

お役立ち単語集 WORD	閉館時間	orario di chiusura オ**ラ**ーリオ ディ キウ**ズ**ーラ
	撮影禁止	vietato fotografare ヴィエ**タ**ート フォトグラ**ファ**ーレ
開館時間 orario di apertura オ**ラ**ーリオ ディ アペル**トゥ**ーラ	フラッシュ禁止	vietato usare il flash ヴィエ**タ**ート ウ**ザ**ーレ イル フ**ラ**ッシュ

スケッチ禁止	vietato disegnare ヴィエ**タ**ート ディセ**ニャ**ーレ
立ち入り禁止	vietato entrare ヴィエ**タ**ート エント**ラ**ーレ
関係者以外 立ち入り禁止	privato プリ**ヴァ**ート

まずは街並みをおさんぽしてみましょう

観光案内所を利用しましょう

観光案内所は どこですか？	**Dov'è l'ufficio turistico?** ドヴェ　ルッフィーチョ　トゥリスティコ 🎵 Where is the tourist information?
無料の地図は ありますか？	**Avete qualche pianta gratis?** アヴェーテ　クアルケ　ピアンタ　グラーティス 🎵 Do you have a free map of this area?
観光パンフレットを いただけますか？	**Mi può dare un opuscolo, per favore?** ミ　プオ　ダーレ　ウノプースコロ　ペル　ファヴォーレ 🎵 Can I have a sightseeing brochure?
日本語版は ありますか？	**Ne avete uno in giapponese?** ネ　アヴェーテ　ウーノ　イン　ジャッポネーゼ 🎵 Do you have one in Japanese?
この街の見どころを教えていただけますか？	**Mi può dire cosa c'è di bello in questa città?** ミ　プオ　ディーレ　コザ　チェ　ディ　ベッロ　イン　クエスタ　チッタ 🎵 Could you recommend some interesting places?
日帰りで行けるところを 教えていただけますか？	**Mi può consigliare qualche posto da visitare in un giorno?** ミ　プオ　コンシリアーレ　クアルケ　ポスト　ダ　ヴィジターレ　イン　ウン　ジョルノ 🎵 Could you recommend some places for a day trip?
景色がきれいなところ はどこですか？	**Dove posso trovare un posto con un bel panorama?** ドヴェ　ポッソ　トロヴァーレ　ウン　ポスト　コン　ウン　ベル　パノラーマ 🎵 Where is a place with a nice view?
そこは今日 開いていますか？	**È aperto lì oggi?** エ　アペルト　リ　オッジ 🎵 Is is open today?
休業日を教えて いただけますか？	**Mi dia il giorno di chiusura, per favore?** ミ　ディア　イル　ジョルノ　ディ　キウズーラ　ペル　ファヴォーレ 🎵 When do they close?
火曜日です。／ 無休です。	**È martedì. / È sempre aperto.** エ　マルテディ／　　エ　センプレ　アペルト Tuesday. ／ It is open every day.　　曜日 🎵 P.151
コロッセオを 見たいのですが。	**Vorrei vedere il Colosseo.** ヴォレイ　ヴェデーレ　イル　コロッセオ I'd like to see the Colosseo.　　観光地 🎵 P.32

歩いてそこまで行けますか？	**Ci si arriva a piedi?**
	チ スィ アッリーヴァ ア ピエーディ
	Can I walk there?

ここから遠いですか？	**È lontano da qui?**
	エ ロンターノ ダ クイ
	Is it far from here?

近いです。／バスで<u>10</u>分です。	**È vicino.／Ci vogliono 10 minuti di autobus.**
	エ ヴィチーノ／チ ヴォリオノ ディエチ ミヌーティ ディ アウトブス
	It's near.／It's ten minutes by bus. 数字 P.150

ここから歩いて何分かかりますか？	**Quanti minuti ci vogliono a piedi da qua?**
	クアンティ ミヌーティ チ ヴォリオノ ア ピエディ ダ クア
	How long does it take to walk from here?

そこへの行き方を教えていただけますか？	**Mi può indicare come si arriva lì, per favore?**
	ミ プオ インディカーレ コメ スィ アリーヴァ リ ペル ファヴォーレ
	Could you tell me how to get there?

地下鉄で行けますか？	**Posso andare in metro?**
	ポッソ アンダーレ イン メトロ
	Can I go there by subway?

この地図で教えていただけますか？	**Mi può mostrare la strada sulla cartina?**
	ミ プオ モストラーレ ラ ストラーダ スッラ カルティーナ
	Could you show me the way on this map?

何か目印はありますか？	**C'è qualche segno particolare?**
	チェ クアルケ セーニョ パルティコラーレ
	Are there any landmarks?

この近くに案内所[交番]はありますか？	**C'è l'ufficio informazioni[il posto di polizia] qui vicino?**
	チェ ルッフィーチョ インフォルマッツィオーニ[イル ポスト ディ ポリッツィーア] クイ ヴィチーノ
	Is there an information center[police station] near here?

（聞き取れなかったとき）もう一度お願いできますか？	**Può ripetere, per favore?**
	プオ リペーテレ ペル ファヴォーレ
	Could you repeat it again?

右側ですか、それとも左側ですか？	**È a destra o a sinistra?**
	エ ア デストラ オ ア スィニストラ
	Is it on the right or the left?

略図を書いていただけますか？	**Mi può disegnare una piantina?**
	ミ プオ ディセニャーレ ウナ ピアンティーナ
	Could you draw me a map?

教科書で見たアノ絵画を観に行きましょう

写真で見慣れたあの名画、あの美術品。目の前にすると持っていたイメージが覆されることも。
ぜひ自分の目で確かめに行きましょう。

さっそく中に入ってみましょう

チケット売り場は どこですか？	**Dov'è la biglietteria?** ドヴェ ラ ビリエッテリーア ♪ Where is the ticket counter?
ローマパスを 持っています。	**Ho un Roma Pass.** オ ウン ローマ パッス I have a Roma Pass.
館内マップは ありますか？	**Avete una pianta dell'edificio?** アヴェーテ ウナ ピアンタ デッレディフィーチォ ♪ Do you have a floor map?
日本語のパンフレット はありますか？	**Avete un opuscolo in giapponese?** アヴェーテ ウノプースコロ イン ジャポネーゼ ♪ Do you have a Japanese brochure?
開館［閉館］時間は 何時ですか？	**A che ora apre[chiude]?** ア ケ オラ アープレ［キウーデ］♪ What time does it open[close]?
ミュージアムショップ はありますか？	**C'è un negozio di souvenir nel museo?** チェ ウン ネゴッツィオ ディ スーヴェニール ネル ムゼーオ ♪ Is there a museum shop?
ロッカーは ありますか？	**C'è un armadietto?** チェ ウナルマディエット ♪ Is there a locker?

お役立ち単語集 WORD

レオナルド・ダ・ヴィンチ
Leonardo da Vinci
レオナルド ダ ヴィンチ

『最後の晩餐』
L'Ultima Cena
ルルティーマ チェーナ

ミケランジェロ
Michelangelo
ミケランジェロ

『ダヴィデ像』
Davide
ダヴィデ

ラファエロ
Raffaello
ラファエッロ

『小椅子の聖母』
Madonna della Seggiola
マドンナ デッラ セッジォーラ

フィリッポ・リッピ
Filippo Lippi
フィリッポ リッピ

『聖母と二天使』
Madonna col Bambino e due Angeli
マドンナ コル バンビーノ エ ドゥエ アンジェリ

28

> **日本語での「2F」はイタリア語で「1F」**
>
> イタリアでは、建物の階数の数え方が日本とは異なります。日本でいう「1階」が「地階」(piano terra)、「2階」が「1階」(primo piano)、「3階」が「2階」(secondo piano) となりますので、注意しましょう。

じっくりと見てまわりたいですね

今何か特別な展示をしていますか？	**C'è qualche esposizione speciale oggi?** チェ　クアルケ　エスポズィツィオーネ　スペチャーレ　**オッジ** Do you have any special exhibitions now?
ヴィーナスの誕生はどこですか？	**Dov'è La Nascita di Venere ?** ド**ヴェ**　ラ　**ナ**シタ　ディ　ヴェーネレ Where is The Birth of Venus?
オーディオガイドをお願いします。	**L'audioguida, per favore.** ラウディオグ**イ**ーダ　ペル　ファ**ヴォ**ーレ An audio guide, please.
順路はこちらでいいですか？	**Va bene questo percorso?** ヴァ　ペーネ　クエスト　ペル**コー**ルソ Is this the correct way?
これは誰の作品ですか？	**Di chi è questa opera?** ディ　キ　エ　ク**エ**スタ　**オ**ーペラ Whose work is this?
写真を撮ってもいいですか？	**Posso fare delle foto?** **ポ**ッソ　**ファ**ーレ　**デ**ッレ　**フォ**ート May I take a photo?
一番近いトイレはどこですか？	**Dov'è il bagno più vicino?** ド**ヴェ**　イル　バンニョ　ピュー　ヴィ**チ**ーノ Where is the nearest restroom?

お役立ち単語集 WORD

ボッティチェッリ **Botticelli** ボッティ**チェ**ッリ	ベッリーニ **Bellini** ベッ**リ**ーニ	『聖母被昇天』 **Assunta** アッ**スン**タ
『ヴィーナスの誕生』 **Nascita di Venere** **ナ**シタ　ディ　**ヴェ**ーネレ	『キリストの変容』 **Trasfigurazione** トラスフィグラツィ**オ**ーネ	カラヴァッジオ **Caravaggio** カラ**ヴァ**ッジョ
	ティツィアーノ **Tiziano** ティツィ**ア**ーノ	『バッカス』 **Bacco** **バ**ッコ

基本会話 / 見どころ / グルメ / ショッピング / エンタメ / ビューティ / ホテル / 乗りもの / 基本情報 / 単語集

29

現地発着ツアーに参加して小トリップへ

どこから見てまわろうか迷ったら、ツアーに参加してみるのもおすすめです。
コース、日程、条件などを確認しながら、興味のあるものを見つけましょう。

ツアーの内容を確認しましょう

コロッセオに行くツアーはありますか？	**C'è una gita per il Colosseo?** チェ ウナ ジータ ペル イル コロッセオ ♪ Is there a tour that goes to the Colosseo? 観光地 ☞P.32
何時集合ですか？	**A che ora è l'appuntamento?** ア ケ オラ エ ラプンタメント ♪ What time do we have to be there?
出発はどこですか？	**Da dove si parte?** ダ ドヴェ スィ パルテ ♪ Where will we leave from?
それは往復ですか？	**È compreso andata e ritorno?** エ コンプレーゾ アンダータ エ リトルノ ♪ Is it a round trip?
食事つきの料金でしょうか？	**È compresa la tariffa del pasto?** エ コンプレーザ ラ タリッファ デル パスト ♪ Does it include the meal?
1日[半日]のコースはありますか？	**Avete un programma per una giornata[mezza giornata]?** アヴェーテ ウン プログランマ ペル ウナ ジョルナータ [メッツァ ジョルナータ] ♪ Do you have an one-day[a half-day] course?

お役立ち単語集 WORD

		日帰りの	giornata ジョルナータ	おすすめ	consiglio コンシーリオ
		料金	tariffa タリッファ	食事	pasto パスト
予約	prenotazione プレノタッツィオーネ	入場料	tariffa d'ingresso タリッファ ディングレッソ	バス	autobus アウトブス
パンフレット	opuscolo オプースコロ	ツアー料	tariffa di viaggio タリッファ ディ ヴィアッジョ	夜景	panorama notturno パノラマ ノットゥルノ
午前	mattina マッティーナ	取消料	tariffa da annullare タリッファ ダ アッヌラーレ	大人	adulto アドゥルト
午後	pomeriggio ポメリッジョ	支払い	pagamento パガメント	子ども	bambino バンビーノ

そのツアーはどこをまわりますか？	**Dove si fa quella gita?** ドヴェ スィ ファ クエッラ ジータ ♪ Where does the tour visit?
<u>プラザホテル</u>から乗れますか？	**Posso prendere l'autobus dall'hotel Plaza?** ポッソ プレンデレ ラウトブス ダッロテール プラーザ ♪ Can we join from Plaza hotel?
<u>プラザホテル</u>で降ろしてもらえますか？	**Mi fa scendere all'hotel Plaza, per favore?** ミ ファ シェンデレ アッロテール プラーザ ペル ファヴォーレ ♪ Can you drop us off at Plaza hotel?
日本語ガイドはつきますか？	**C'è una guida giapponese?** チェ ウナ グイーダ ジャッポネーゼ ♪ Does it have a Japanese guide?
おすすめのツアーを教えてください。	**Quale gita mi consiglia?** クアーレ ジータ ミ コンシィーリア ♪ Could you recommend some tours?
これに申し込みます。	**Prenoto questo.** プレノート クエスト I'll take this.
何時にここに戻ってくればいいですか？	**A che ora dobbiamo tornare qua?** ア ケ オラ ドッビアーモ トルナーレ クア ♪ By what time should we be back here?
あとどのくらいで着きますか？	**A che ora arriva da questo momento?** ア ケ オラ アリーヴァ ダ クエスト モメント ♪ How long does it take to get there?
トイレはどこですか？	**Dov'è il bagno?** ドヴェ イル バンニョ ♪ Where is the restroom?
何時出発ですか？	**A che ora si parte?** ア ケ オラ スィ パルテ ♪ What time does it leave?
ツアーに遅れてしまったのですが。	**Sono in ritardo per la gita.** ソノ イン リタルド ペル ラ ジータ We are late for the tour.
ツアーをキャンセルしたいのですが。	**Vorrei cancellare la gita.** ボレイ カンチェッラーレ ラ ジータ I'd like to cancel the tour.

LOOK

〔　　　　　〕へ行きたいのですが。

Vorrei andare a 〔　　　　　〕.

ヴォレイ　アンダーレ　ア 〔　　　　　〕

I'd like to go to 〔　　　　　〕.

観光地
zona turistica
ゾーナ　トゥーリスティカ

ローマ
です

Colosseo	Piazza di Spagna	Foro Romano	Piazza Navona
コロッセオ	ピアッツァ ディ スパーニャ	フォロ ロマーノ	ピアッツァ ナヴォーナ
【コロッセオ】	【スペイン広場】	【フォロ・ロマーノ】	【ナヴォーナ広場】

Piazza San Pietro	Fontana di Trevi	Piazza della Minerva	Pantheon
ピアッツァ サン ピエートロ	フォンターナ ディ トレヴィ	ピアッツァ デッラ ミネルヴァ	パンテノン
【サン・ピエトロ広場】	【トレヴィの泉】	【ミネルヴァ広場】	【パンテオン】

Piazza Colonna	Piazza della Repubblica	Palazzo Barberini	Chiesa di Santa Maria in Trastevere
ピアッツァ コロンナ	ピアッツァ デッラ レプッブリカ	パラッツォ バルベリーニ	キエーザ ディ サンタ マリーア イン トラステーヴェレ
【コロンナ広場】	【共和国広場】	【バルベリーニ宮】	【サンタ・マリア・イン・トラステヴェレ教会】

Porta Ostiense	Area Sacra di Torre Argentina	Bocca della Verità	Terme di Caracalla
ポルタ オスティエンセ	アレア サクラ ディ トーレ アルジェンティーナ	ボッカ デッラ ヴェリタ	テルメ ディ カラカッラ
【オスティエンセ門】	【アルジェンティーナ神殿跡】	【真実の口】	【カラカラ浴場】

Citta del Vaticano	Musei Vaticani	Stazione Centrale di Termini	Castel Sant' Angelo
チッタ デル ヴァティカーノ	ムゼイ ヴァティカーニ	スタツィオーネ チェントラーレ ディ テルミニ	カステル サンタンジェロ
【ヴァチカン市国】	【ヴァチカン美術館】	【テルミニ駅】	【サンタンジェロ城】

フィレンツェ です

Cattedrale di Santa Maria del Fiore
カッテドラーレ ディ サンタ マリア デル フィオーレ

❶【サンタ・マリア・デル・フィオーレ大聖堂】

Campanile di Giotto
カンパニーレ ディ ジョット

❶【ジョットの鐘楼】

Basilica di Santa Maria Novella
バジリカ ディ サンタ マリア ノヴェッラ
❶【サンタ・マリア・ノヴェッラ教会】

Galleria degli Uffizi
ガッレリーア デッリ フィーツィ

❶【ウッフィッツィ美術館】

Palazzo Pitti
パラッツォ ピッティ
❶【ピッティ宮】

Ponte Vecchio
ポンテ ヴェッキオ

❶【ポンテ・ヴェッキオ】

Palazzo Vecchio
パラッツォ ヴェッキオ

❶【ヴェッキオ宮】

Basilica di San Lorenzo
バジリカ ディ サン ロレンツォ
❶【サン・ロレンツォ教会】

Palazzo Medici-Riccardi
パラッツォ メディチ リッカルディ

❶【メディチ・リッカルディ宮】

Galleria Palatina
ガッレリーア パラティーナ

❶【パラティーナ美術館】

Piazza della Signoria
ピアッツァ デッラ シニョリーア

❶【シニョーリア広場】

Piazza Michelangelo
ピアッツァ ミケランジェロ

❶【ミケランジェロ広場】

Via dei Cerchi
ヴィーア ディ チェルキ

❶【チェルキ通り】

Via di Ariento
ヴィーア ディ アリエント
❶【アリエント通り】

Mercato Centrale
メルカート チェントラーレ
❶【中央市場】

Giardino di Boboli
ジャルディーノ ディ ボーボリ

❶【ボーボリ庭園】

Cappelle Medicee
カッペッレ メディーチェ

❶【メディチ家礼拝堂】

Via de' Tornabuoni
ヴィーア デ トルナブオーニ

❶【トルナブォーニ通り】

Chiesa di Santa Croce
キエーザ ディ サンタ クローチェ

❶【サンタ・クローチェ教会】

ミラノ です

Duomo
ドゥオーモ

❶【ドゥオモ】

Galleria Vittorio Emanuele II
ガッレリーア ヴィットリオ エマヌエーレ ドゥーエ

❶【ヴィットリオ・エマヌエーレ2世のガッレリア】

Teatro alla Scala
テアートロ アッラ スカーラ

❶【スカラ座】

33

LOOK

| | へ行きたいのですが。 |

Vorrei andare a | | .

ヴォレイ　アンダーレ　ア | |

I'd like to go to | | .

ミラノの
つづき
です

Via Montenapoleone
ヴィーア　モンテナポレオーネ

❶【モンテナポレオーネ通り】

Pinacoteca di Brera ピナコテーカ　ディ　ブレーラ ❶【ブレラ美術館】	**Castello Sforzesco** カステッロ　スフォルツェスコ ❶【スフォルツェスコ城】	**Chiesa di Santa Maria delle Grazie** キエーザ　ディ　**サンタ**　マリア　デッレ　グラッツィエ ❶【サンタ・マリア・デッレ・グラツィエ教会】	**Bookstore Skira Triennale** ブックストア　スキーラ　トリエンナーレ ❶【ブックストア・スキラ・トリエンナーレ】
ヴェネツィア です	**Piazza San Marco** ピアッツァ　サン　マルコ ❶【サン・マルコ広場】	**Basilica di San Marco** バジリカ　ディ　サン　マルコ ❶【サン・マルコ寺院】	**Ponte di Rialto** ポンテ　ディ　リアルト ❶【リアルト橋】
Palazzo Ducale パラッツォ　ドゥカーレ ❶【ドゥカーレ宮殿】	**Ca' d'Oro** カ　ドーロ ❶【カ・ドーロ】	**Basilica di Santa Maria della Salute** バジリカ　ディ　**サンタ**　マリア　デッラ　サルーテ ❶【サンタ・マリア・デッラ・サルーテ教会】	**Chiesa di San Giorgio Maggiore** キエーザ　ディ　サン　ジョルジオ　マッジョーレ ❶【サン・ジョルジョ・マッジョーレ教会】
Ponte dei Sospiere ポンテ　デイ　ソスピエーレ ❶【ため息の橋】	**Basilica di Santa Maria Gloriosa dei Frari** バジリカ　ディ　サンタ　マリア　グロリオーザ　デイ　フラーリ ❶【サンタ・マリア・グロリオーザ・ディ・フラーリ教会】	**Murano** ムラーノ ❶【ムラーノ島】	**Teatro La Fenice** テアートロ　ラ　フェニーチェ ❶【フェニーチェ劇場】
Torre dell'Orologio トーレ　デッロ　ロロージオ ❶【時計塔】	**Mercerie** メルチェーリエ ❶【メルチェリエ通り】	**Rialto Mercato** リアルト　メルカート ❶【リアルト市場】	**Gallerie dell'Accademia** ガッレリーエ　デッラッカデミーア ❶【アカデミア美術館】

街歩き
passeggiata
パッセッジャータ

albergo
アルベルゴ

❶【ホテル】

stazione
スタッツィオーネ

❶【駅】

banca
バンカ

❶【銀行】

bancomat
バンコマット

❶【ATM】

banconota
バンコノータ

❶【紙幣】

moneta
モネータ
❶【硬貨】

ufficio di cambio
ウッフィチョ ディ カンビオ

❶【両替所】

bagno
バンニョ

❶【トイレ】

telefono pubblico
テレーフォノ プッブリコ

❶【公衆電話】

negozio di convinienza
ネゴッツィオ ディ コンヴィニエンツァ
❶【コンビニ】

centro commerciale
チェントロ コンメルチャーレ
❶【ショッピングモール】

negozio di liquori
ネゴッツィオ ディ リクオーリ
❶【酒店】

cinema
チネマ
❶【映画館】

ristorante
リストランテ

❶【レストラン】

caffè
カッフェ

❶【カフェ】

bar
バール

❶【バール】

rosticceria
ロスティチェリア

❶【惣菜店】

emporio
エンポリオ

❶【雑貨店】

farmacia
ファルマチーア

❶【ドラッグストア】

antiquario
アンティクアリオ

❶【骨董品店】

libreria
リプレリーア

❶【本屋】

negozio di dischi
ネゴッツィオ ディ ディスキ
❶【レコードショップ】

fiorista
フィオリスタ
❶【花屋】

boutique
ブティック
❶【ブランド店】

biblioteca
ビブリオテカ
❶【図書館】

イタリアの世界遺産を訪れましょう

「永遠の都」ローマの古代遺跡をはじめ、壮麗なルネッサンス建築、
雄大な自然遺産などを有するイタリアの至極の世界遺産を、ぜひ。

A ローマ歴史地区,教皇領とサン・パオロ・フォーリ・レ・ムーラ大聖堂

ローマの人気スポット。フォロ・ロマーノ、パンテオン、コロッセオなどの古代ローマの遺跡群が残っています。

D レオナルド・ダ・ヴィンチの『最後の晩餐』があるサンタ・マリア・デッレ・グラツィエ教会とドメニコ会修道院

世界中の人々を魅了するダ・ヴィンチの名画を見ることができるのはココ。修道院の食堂にある『最後の晩餐』の見学は完全予約制!

B ヴァチカン市国

世界最小の主権国家で、国土全域が世界遺産に。サン・ピエトロ大聖堂、ヴァチカン美術館、サン・ピエトロ広場など、見どころいっぱい。

C フィレンツェ歴史地区

ドゥオモ(サンタ・マリア・デル・フィオーレ大聖堂)界隈のレンガ屋根の街並みはフィレンツェの必見スポット。世界屈指の芸術都市を堪能して。

E ナポリ歴史地区

ギリシアの殖民都市・ネアポリスとして築かれた街、ナポリの歴史的景観。さまざまな様式の城や王宮が見られます。

たくさんあるので
プランをしっかり
考えましょう。

F ピサのドゥオモ広場

中世の雰囲気を残す街ピサ。そのピサのシンボルである斜塔、大聖堂、洗礼堂、墓地の4つが調和する建築芸術です。

I アマルフィ海岸

イタリア最古の海運共和国の栄華を今に伝える海辺のリゾート地。険しい岸壁が続く地形と、建築物が織りなす景観は、「ザ・地中海」。

G アルベロベッロのトゥルッリ

白い壁と円錐形の屋根を持つかわいい家々トゥルッリ。イタリア語で「部屋ひとつ屋根ひとつ」を意味するトゥルッロの複数形を意味します。

J アグリジェントの遺跡群

アグリジェントは紀元580年に古代ギリシア人によって建造された「人間が造った最も美しい街」と称えられる街。20余りの神殿群が世界遺産に指定されています。

H ポンペイ・エルコラーノおよびトッレ・アヌンツィアータの遺跡地域

約1900年前、ヴェスヴィオ山の噴火によって灰に飲まれた街ポンペイ。地表に現れた遺跡群は当時の繁栄を今に伝えています。

K ヴェネチアとその潟

アドリア海の118の島に造られた水上都市。ヴェネチアに来たら、ぜひ体験したいのがゴンドラに乗っての水上散歩ですね。

ちょっと贅沢して高級レストランへ

豊かな食文化を持つイタリア。せっかくなのでおしゃれをして、
洗練された味と雰囲気を楽しみに出かけましょう。

> 予約の際の会話
> はP.102も参考にし
> てくださいね。

まずは予約をしましょう

今晩のディナーを
予約したいのですが。

Vorrei prenotare la cena stasera.
ヴォレイ プレノターレ ラ チェーナ スタセーラ
I'd like to make a reservation for tonight.

すみません。その
時間はいっぱいです。

Mi dispiace, per quell'ora non abbiamo tavoli liberi.
ミ ディスピアーチェ ペル クエッローラ ノン アッビアーモ ターヴォリ リーベリ
I'm sorry. We have no open tables at that time.

かしこまりました。お
席を用意しておきます。

Bene, le prepariamo un tavolo.
ベーネ レ プレパリアーモ ウン ターヴォロ
We'll have a table ready for you then.

7時に2名でお願いし
たいのですが。

Vorrei prenotare per 2 persone alle 7.
ヴォレイ プレノターレ ペル ドゥエ ペルソーネ アッレ セッテ
I'd like to reserve a table for two at seven o'clock.　数字⇒P.150　時刻⇒P.152

禁煙席を
お願いします。

Nella sezione non fumatori, per favore.
ネッラ セッツィオーネ ノン フマトーリ ペル ファヴォーレ
Non-smoking section, please.

ワンポイント ドレスコードについて

レストランによってはドレスコードがあるお店もあるので、予約時に確認しましょう。
ドレスコードのないお店なら基本的に自由ですが、お店の雰囲気に合った服装を選ぶのが好ましいです。
ざっくりとした目安を確認しておきましょう。

Smart Casual
スマートカジュアル
カジュアルレストランなど

Elegant
エレガント
高級レストランなど

小ぎれいな雰囲
気の普段着で
OK。ジーンズは
避けた方がベタ
ーと言われてい
ます。

男性…
ジャケット＋ネ
クタイ

女性…
ジャケット＋ワ
ンピースにアク
セサリーなどで
ドレスアップ

何時なら席を
予約できますか？

A che ora posso prenotare?
アケ オラ ポッソ プレノターレ 🔊
For what time can we reserve a table?

ドレスコードは
ありますか？

Avete delle regole per l'abbigliamento?
アヴェーテ デッレ レーゴレ ペル ラッピッリアメント 🔊
Do you have a dress code?

入店後はスマートにふるまいましょう

Scene 1
レセプションで名前を告げ
案内に従い席へ

こんばんは。
予約した田中です。

Buonasera. Mi chiamo
Tanaka, ho prenotato.
ブオナセーラ ミ キアーモ
タナカ オ プレノタート

Scene 2
オーダーは自分の
テーブル担当者に

すみません、
注文をお願いします。

Scusi, vorrei ordinare.
スクーズィ ヴォレイ
オルディナーレ

Scene 3
食事中に音をたてないように
気をつけて

すみません。

Scusi.
スクーズィ

Scene 4
落としたものは
自分で拾わない

すみません、
スプーンを交換してください。

Scusi, mi può cambiare
il cucchiaio, per favore?
スクーズィ ミ プオ カンビアーレ
イル クッキアイオ ペル ファヴォーレ 🔊

Scene 5
食事中に席を立つときは……

化粧室はどこですか？

Dov'è il bagno?
ドヴェ イル バンニョ 🔊

Scene 6
食事中のタバコはNGです

喫煙できるところは
ありますか？

C'è un posto dove
posso fumare?
チェ ウン ポスト ドヴェ
ポッソ フマーレ 🔊

イタリアのおいしいごはんを楽しみましょう

イタリア人が愛してやまないイタリア料理を
本場のリストランテなどで心ゆくまで楽しみましょう。

> フルコースを楽しむ上級のレストランはリストランテ(Ristorante)、気軽な雰囲気のお店はトラットリア(Trattoria)、より庶民的な食堂をオステリア(Osteria)といいます。

お店に入って…

席はありますか?

Avete una tavola?
アヴェーテ ウナ ターヴォラ
Do you have a table?

すみません。今夜は満席です。

Mi dispiace. Stasera siamo quasi al completo.
ミ ディスピアーチェ スタセーラ スィアーモ クアーズィ アル コンプレート
I'm sorry. All the tables are occupied tonight.

どのくらい待ちますか?

Quanto dobbiamo aspettare?
クワント ドッビアーモ アスペッターレ
How long do we have to wait?

30分です。

Trenta minuti.
トレンタ ミヌーティ
About thirty minutes.

時間 → P.150

待ちます。/また後で来ます。

Va bene, aspettiamo. / Torniamo più tardi.
ヴァ ベーネ アスペッティアーモ/トルニアーモ ピュー タルディ
All right. We'll wait. / We'll come back again.

メニューとワインリストを見せてください。

Posso vedere il menù e la lista dei vini, per favore?
ポッソ ヴェデーレ イル メヌ エ ラ リスタ デイ ヴィーニ ベル ファヴォーレ
Can I see the menu and the wine list?

何がおすすめですか?

Che cosa mi consiglia?
ケ コザ ミ コンシィーリア
What do you recommend?

> 注文をお願いできますか?
> Posso ordinare?
> ポッソ オルディナーレ

郷土料理はありますか?

Avete i piatti locali?
アヴェーテ イ ピアッティ ロカーリ
Do you have any local food?

カプレーゼとカポナータをください。

Vorrei una caprese e una caponata, per favore.
ヴォレイ ウナ カプレーゼ エ ウナ カポナータ ベル ファヴォーレ
I'd like caprese and caponata.

料理 → P.44

この料理をわけて食べます。

Dividiamo questo piatto.
ディヴィディアーモ クエスト ピアット
We'll share this dish.

注文をキャンセル
できますか？

Scusi, posso cancellare l'ordine?
スクーズィ　ポッソ　カンチェッラーレ　ロルディネ
Can I cancel my order?

すみませんが注文を変
更していただけますか？

Scusi, posso cambiare l'ordine?
スクーズィ　ポッソ　カンビアーレ　ロルディネ
Can you change my order, please?

食事中に…

> いただきます。
> Buon appetito!
> ブオナペティート

これはどう食べるの
ですか？

Come si mangia questo?
コメ　スィ　マンジャ　クエスト
Could you tell me how to eat this?

すみません、フォーク
がありません。

Scusi, non c'è la forchetta.
スクーズィ　ノン　チェ　ラ　フォルケッタ
Excuse me, I didn't get a fork.

スプーンを
落としました。

Mi è caduto il cucchiaio.
ミ　エ　カドゥート　イル　クッキアーイオ
I dropped my spoon.

炭酸ガスの入っていないミネ
ラルウォーターをください。

Acqua minerale non gassata, per favore.
アックア　ミネラーレ　ノン　ガッサータ　ペル　ファヴォーレ
Mineral water without gas, please.

この料理には十分火が
通っていないようです。

Questo cibo non è cotto.
クエスト　チーボ　ノン　エ　コット
This dish is rather raw.

グラスが汚れています。取
り替えていただけますか？

Il bicchiere è un po' sporco. Me lo può cambiare, per favore?
イル　ビッキエーレ　エ　ウン　ポ　スポルコ　メ　ロ　プオ　カンビアーレ　ペル　ファヴォーレ
My glass is dirty. I'd like another one.

テーブルの上を片付け
ていただけますか？

Mi può sistemare la tavola, per favore?
ミ　プオ　システマーレ　ラ　ターヴォラ　ペル　ファヴォーレ
Can you clear the table?

ワインをこぼして
しまいました。

Mi è caduto il vino.
ミ　エ　カドゥート　イル　ヴィーノ
I spilled my wine.

ここを拭いて
もらえますか？

Può pulire qua, per favore?
プオ　プリーレ　クア　ペル　ファヴォーレ
Could you wipe here, please?

イタリアのおいしいごはんを楽しみましょう

デザートも楽しみですね

デザートのメニューを いただけますか？	**Avete il menù dei dolci?** アヴェーテ イル メヌ ディ ドルチ Do you have a dessert menu?
どのデザートが おすすめですか？	**Quale dolce mi consiglia?** クアレ ドルチェ ミ コンシィーリア Which dessert do you recommend?
洋ナシのタルトを ください。	**Vorrei una torta di pere.** ヴォレイ ウナ トルタ ディ ペーレ The pear tarte, please.
まだ食べ終わって いません。	**Non ho ancora finito di mangiare.** ノ アンコーラ フィニート ディ マンジャーレ I've not finished yet.
コーヒーをもう一杯 いただけますか？	**Vorrei un altro caffè, per favore?** ヴォレイ ウナルトロ カッフェ ベル ファヴォーレ Could I have another cup of coffee, please?

お会計で…

会計をお願いします。	**Il conto, per favore.** イル コント ベル ファヴォーレ Check, please.
とても楽しい時間を過 ごせました。ありがとう。	**Sono stato molto bene. Grazie.** ソーノ スタート モルト ベーネ グラッツィエ I really enjoyed my stay. Thank you.
全部でいくらに なりますか？	**Quanto costa in tutto?** クアント コスタ イン トゥット How much is the total?
これは何の 値段ですか？	**Questa cifra a cosa si riferisce?** クエスタ チーフラ ア コザ シ リフェリッシェ What's this charge for?

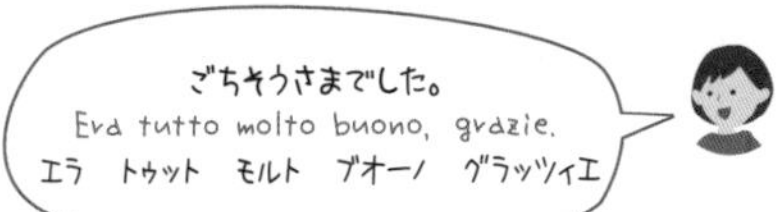

ごちそうさまでした。
Era tutto molto buono, grazie.
エラ トゥット モルト ブオーノ グラッツィエ

| 計算違いが
あるようです。 | Penso che ci sia un errore nel conto.
ペンソ ケ チ シィア ウネッローレ ネル コント
I think the check is incorrect. |
| --- | --- |

| サラダは
注文していません。 | Non ho ordinato l'insalata.
ノノ オルディナート リンサラータ
I didn't order a salad. |

| 計算し直して
くれますか? | Può fare il conto di nuovo, per favore?
プオ ファーレ イル コント ディ ヌオーヴォ ペル ファヴォーレ �𝅘
Could you check it again? |

| (ホテルで) 部屋の勘定
につけておいてください。 | Vorrei pagare nel conto della camera.
ヴォレイ パガーレ ネル コント デッラ カーメラ
Will you charge it to my room, please? |

| 支払いはクレジットカー
ドでもいいですか? | Posso pagare con la carta di credito?
ポッソ パガーレ コン ラ カルタ ディ クレーディト �𝅘
Do you accept credit cards? |

| 現金で支払います。 | Pago in contanti.
パーゴ イン コンタンティ
I'd like to pay by cash. |

**ひとこと
フレーズ**

これはいい味ですね。
Questo è molto buono.
クエスト エ モルト ブオーノ

すべて満足です。
È tutto buonissimo, grazie.
エ トゥット ブオニッスィモ グラッツィエ

おなかいっぱいです。
Sono piena.
ソーノ ピエーナ

料理を持ち帰ってもいいですか?
Posso portare via i cibi rimasti?
ポッソ ポルターレ ヴィア イ チービ リマスティ �𝅘

とてもおいしくいただきました。
Era delizioso.
エラ デリッツィオーゾ

これを下げてください。
Può portare via, per favore.
プオ ポルターレ ヴィア ペル ファヴォーレ

領収書をください。
La ricevuta, per favore.
ラ リチェヴータ ペル ファヴォーレ

基本会話

見どころ

グルメ

ショッピング

エンタメ

ビューティ

ホテル

乗りもの

基本情報

単語集

\食前のおつまみはコレ/

grissini
グリッシーニ

乾燥した細長く固い棒状のパン。食前のワインのつまみに。

❶【グリッシーニ】

をください。
, per favore.
ベル　ファ**ヴォ**ーレ
, please.

前菜

antipasto
アンティパスト

---

insalata
インサラータ

❶【サラダ】

antipasto misto
アンティパスト　ミスト

❶【前菜の盛り合わせ】

acciuga marinata
アッ**チュ**ーガ　マリナータ

❶【いわしのマリネ】

bruschetta
ブルス**ケッ**タ

イタリア風ガーリックトースト。野菜などをのせて食べる事も。

❶【ブルスケッタ】

---

verdura fritta
ヴェル**ドゥ**ーラ　フリッタ

❶【野菜のフリット】

salmone affumicato
サル**モ**ーネ　アッフミカート

❶【スモークサーモン】

prosciutto
プロ**シュッ**ト

❶【プロシュート】

carpaccio
カルパッチョ

生の肉や魚を薄く切り、ソースやチーズなどをかけたもの。

❶【カルパッチョ】

---

caprese
カプレーゼ

モッツァレラチーズとトマトを並べ、オリーブオイルをかける。

❶【カプレーゼ】

ostrica
オーストリカ

❶【カキ】

zuppa
ズッパ

❶【スープ】

プリモ・ピアット

primo piatto
プリモ　ピアット

---

risotto alla milanese
リゾット　**アッ**ラ　ミラネーゼ

コンソメで煮込み、サフランで黄金色に仕上げたリゾット。

❶【ミラノ風リゾット】

risotto alla pescatora
リゾット　**アッ**ラ　ベスカトーラ

❶【漁師風リゾット】

pizza
ピッツァ

❶【ピザ】

spaghetti alla bolognese
スパ**ゲッ**ティ　**アッ**ラ　ボロニエーゼ

ボロネーゼは日本で言うミートソース。様々な料理に使用。

❶【スパゲッティ・ボロネーゼ】

---

spaghetti alle vongole
スパ**ゲッ**ティ　**アッ**レ　**ヴォ**ンゴレ

ポモドーロはイタリア語でトマト。トマトソースのパスタ。

❶【スパゲッティ・ボンゴレ】

spaghetti al pomodoro
スパ**ゲッ**ティ　アル　ポモ**ド**ーロ

❶【スパゲッティ・ポモドーロ】

spaghetti alla carrettiera
スパ**ゲッ**ティ　**アッ**ラ　カレッティエラ

にんにくと唐辛子を効かせたトマトソースのパスタ。

❶【御者風スパゲッティ】

spaghetti al nero di seppia
スパ**ゲッ**ティ　アル　ネーロ　ディ　セッピア

❶【イカ墨のスパゲッティ】

基本会話
見どころ
グルメ
ショッピング
エンタメ
ビューティ
ホテル
乗りもの
基本情報
単語集

pasta alla carbonara
パスタ アッラ カルボナーラ

♪【カルボナーラ】

rigatoni all'amatriciana
リガトーニ アッラマトリチャーナ

アマトリチャーナとは豚の燻製とトマトで作るソース。

♪【リガトーニ・アマトリチャーナ】

tagliolini alla pescatora
タリオリーニ アッラ ペスカトーラ

ペスカトーラとは貝やエビなど魚介を使った料理のこと。

♪【タリオリーニ・アル・ペスカトーラ】

tagliatelle ai funghi porcini
タリアテッレ アイ フンギ ポルチーニ

ポルチーニ茸はイタリアの秋の風物。濃厚な香りで人気。

♪【ポルチーニ茸のタリアテッレ】

ravioli burro e salvia
ラヴィオーリ ブッロ エ サルヴィア

バターとサルヴィア(セージ)ソースをからめたラビオリ。

♪【ラビオリ・ブッロ・エ・サルヴィア】

gnocchetti al ragù di pesce
ニョッケッティ アル ラグー ディ ペッシェ

ジャガイモを練り込んだパスタに魚のスープをからめたもの。

♪【魚介煮込みのニョッキ】

lasagne
ラザーニェ

♪【ラザニア】

cannelloni
カンネローニ

板状パスタにミートソースやチーズなどを巻いて焼いたもの。

♪【カネローニ】

セコンド・ピアット

secondo piatto
セコンド ピアット

saltimbocca
サルティンボッカ

仔牛肉の薄切りに生ハムとサルヴィアの葉をのせたソテー。

♪【サルティン・ボッカ】

ossobuco
オッソブーコ

仔牛のスネ肉を骨ごと煮込んだ料理。「穴の開いた骨」の意。

♪【オッソブーコ】

bistecca
ビステッカ

♪【ビーフステーキ】

cotoletta alla milanese
コトレッタ アッラ ミラネーゼ

♪【ミラノ風カツレツ】

coda alla vaccinara
コーダ アッラ ヴァッチナーラ

♪【牛テールのトマト煮】

porcini alla griglia
ポルチーニ アッラ グリッリア

♪【ポルチーニ茸のグリル】

trippa
トゥリッパ

モツの煮込みのこと。

♪【トリッパ】

bistecca alla fiorentina
ビステッカ アッラ フィオレンティーナ

♪【フィレンツェ風ステーキ】

pollo alla cacciatora
ポッロ アッラ カッチャトーラ

♪【鶏肉の猟師風】

scampi al pomodoro
スカンピ アル ポモドーロ

♪【スカンピのトマトソースあえ】

frittura di pesce
フリットゥーラ ディ ペッシェ

♪【シーフードのフリット】

caponata
カポナータ

トマト、ナス、ズッキーニ、タマネギなどを煮込んだ料理。

♪【カポナータ】

つけあわせ

contorno
コントルノ

carciofo
カルチョーフォ

アーティチョークを西洋パセリとミントで蒸した料理。

♪【カルチョーフィ】

verdura alla griglia
ヴェルドゥーラ アッラ グリッリア

♪【野菜のグリル】

をください。

, per favore.

ペル　ファヴォーレ

, please.

郷土料理
cucina locale
クッチーナ　ロカーレ

involtini
インヴォルティーニ

「巻く」という意味のシチリア料理。野菜で肉や魚を巻く。

♪【インボルティーニ】

---

ribollita
リボッリータ

パンと野菜を煮込み、豆をのせる。フィレンツェの家庭料理。

♪【リボッリータ】

panelle
パネッレ

ひよこ豆の粉を熱湯で練り油で揚げる。アラブ系シチリア料理。

♪【パネッレ】

insalata di granseola
インサラータ　ディ　グランセオーラ

♪【クモガニのサラダ】

abbacchio alla scottadito
アッバッキオ　アッラ　スコッタディート

仔牛肉（アバッキオ）のグリル。ローマの名物料理。

♪【アバッキオ・スコッタディート】

---

linguine al cartoccio
リングイーネ　アル　カルトッチョ

紙で包み焼きにして仕上げた魚介を使うナポリのパスタ料理。

♪【リングイーネ・アル・カルトッチョ】

panino
パニーノ

carpaccio
カルパッチョ

ローストビーフ、ルッコラ、チーズが入ったパニーニ。

♪【カルパッチョ】

boliva
ボリヴァ

トマト、バジル、バルミット、モッツァレラのシンプルな組み合わせ。

♪【ボリヴァ】

---

giusto
ジュスト

スモークハム、チーズ、アンチョビ入り。マスタードソースで。

♪【ジュスト】

tartufo
タルトゥーフォ

ピリ辛のホットソースが、パルマハム、チーズにマッチ。

♪【タルトゥーフォ】

garibaldino
ガリバルディーノ

燻製のスパイスビーフとモッツァレラ、トマトのパニーニ。

♪【ガリバルディーノ】

lardo
ラルド

塩漬けにされたラードを挟みこんだボリューム感のあるパニーニ。

♪【ラルド】

チーズ
formaggio
フォルマッジョ

parmigiano reggiano
パルミジャーノ　レッジャーノ

いわゆるパルメザンチーズ。パルマ名産のハードタイプ。

♪【パルミジャーノ・レッジャーノ】

gorgonzola
ゴルゴンゾーラ

青カビチーズ。甘味のあるタイプと、ピリっと辛いタイプがある。

♪【ゴルゴンゾーラ】

mozzarella
モッツァレッラ

水牛の乳を使ったフレッシュタイプのチーズ。淡白な味わい。

♪【モッツァレラ】

---

taleggio
タレッジョ

タレッジョ渓谷産のウォッシュタイプ。マイルドでやや甘め。

♪【タレッジョ】

mascarpone
マスカルポーネ

酸味のほとんどない、まろやかなクリームタイプのチーズ。

♪【マスカルポーネ】

pecorino romano
ペコリーノ　ロマーノ

羊乳で作る塩味の強いハードタイプ。パスタソースなどに。

♪【ペコリーノ・ロマーノ】

pizzino
ピッツィーノ

クリーミーなウォッシュタイプのチーズ。ピッツィーノ村産。

♪【ピッツィーノ】

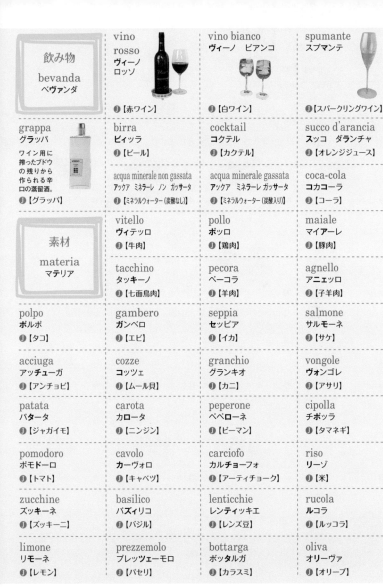

基本会話

見どころ

グルメ

ショッピング

エンタメ

ビューティ

ホテル

乗りもの

基本情報

単語集

飲み物
bevanda
ベヴァンダ

vino rosso
ヴィーノ
ロッソ
❶【赤ワイン】

vino bianco
ヴィーノ ビアンコ
❶【白ワイン】

spumante
スプマンテ
❶【スパークリングワイン】

grappa
グラッパ
ワイン用に搾ったブドウの残りから作られる辛口の蒸留酒。
❶【グラッパ】

birra
ビッラ
❶【ビール】

cocktail
コクテル
❶【カクテル】

succo d'arancia
スッコ ダランチャ
❶【オレンジジュース】

acqua minerale non gassata
アックア ミネラーレ ノン ガッサータ
❶【ミネラルウォーター(炭酸なし)】

acqua minerale gassata
アックア ミネラーレ ガッサータ
❶【ミネラルウォーター(炭酸入り)】

coca-cola
コカコーラ
❶【コーラ】

素材
materia
マテリア

vitello
ヴィテッロ
❶【牛肉】

pollo
ポッロ
❶【鶏肉】

maiale
マイアーレ
❶【豚肉】

tacchino
タッキーノ
❶【七面鳥肉】

pecora
ペーコラ
❶【羊肉】

agnello
アニェッロ
❶【子羊肉】

polpo
ポルポ
❶【タコ】

gambero
ガンベロ
❶【エビ】

seppia
セッピア
❶【イカ】

salmone
サルモーネ
❶【サケ】

acciuga
アッチューガ
❶【アンチョビ】

cozze
コッツェ
❶【ムール貝】

granchio
グランキオ
❶【カニ】

vongole
ヴォンゴレ
❶【アサリ】

patata
パタータ
❶【ジャガイモ】

carota
カロータ
❶【ニンジン】

peperone
ペペローネ
❶【ピーマン】

cipolla
チポッラ
❶【タマネギ】

pomodoro
ポモドーロ
❶【トマト】

cavolo
カーヴォロ
❶【キャベツ】

carciofo
カルチョーフォ
❶【アーティチョーク】

riso
リーゾ
❶【米】

zucchine
ズッキーネ
❶【ズッキーニ】

basilico
バ**ズィ**リコ
❶【バジル】

lenticchie
レンティッキエ
❶【レンズ豆】

rucola
ルコラ
❶【ルッコラ】

limone
リモーネ
❶【レモン】

prezzemolo
プレッ**ツェ**ーモロ
❶【パセリ】

bottarga
ボッ**タ**ルガ
❶【カラスミ】

oliva
オリーヴァ
❶【オリーブ】

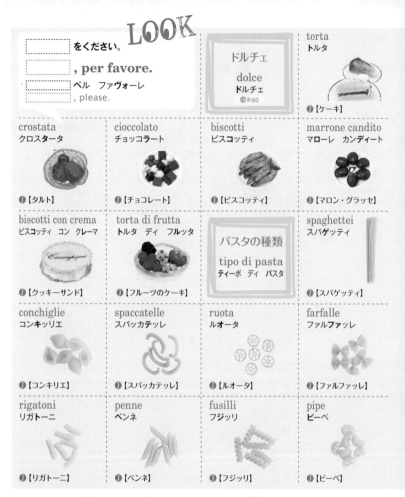

LOOK

| □□□□ をください。 |
| □□□□ , per favore. |
| □□□□ ベル ファヴォーレ |
| □□□□ , please. |

ドルチェ
dolce
ドルチェ
⮕P.60

torta
トルタ
❶【ケーキ】

crostata
クロスタータ
❶【タルト】

cioccolato
チョッコラート
❶【チョコレート】

biscotti
ビスコッティ
❶【ビスコッティ】

marrone candito
マローネ カンディート
❶【マロン・グラッセ】

biscotti con crema
ビスコッティ コン クレーマ
❶【クッキーサンド】

torta di frutta
トルタ ディ フルッタ
❶【フルーツのケーキ】

パスタの種類
tipo di pasta
ティーポ ディ パスタ

spaghetti
スパゲッティ
❶【スパゲッティ】

conchiglie
コンキッリエ
❶【コンキリエ】

spaccatelle
スパッカテッレ
❶【スパッカテッレ】

ruota
ルオータ
❶【ルオータ】

farfalle
ファルファッレ
❶【ファルファッレ】

rigatoni
リガトーニ
❶【リガトーニ】

penne
ペンネ
❶【ペンネ】

fusilli
フジッリ
❶【フジッリ】

pipe
ピーペ
❶【ピーペ】

迷った
ときは…

おすすめは何ですか？
Cosa mi consiglia?
コザ ミ コンシィーリア ♪
What do you recommend?

tagliatelle タリアテッレ	orecchiette オレッキエッテ	調理法 culinaria クリナーリア	al forno アル フォルノ
❶【タリアテッレ】	❶【オレッキエッテ】		❶【オーブンで焼いた】

			in umido イヌーミド
			❶【煮込んだ】

alla brace アッラ ブラーチェ	arrosto アッロスト	lesso レッソ	ben cotto ベン コット
❶【炭火焼きした】	❶【直火焼きした】	❶【ゆでた】	❶【よく焼いた】

fritto フリット	grigliato グリッリアート	al sangue アル サングエ	ghiacciato ギアッチャート
❶【揚げた】	❶【網焼きにした】	❶【軽く焼いた】	❶【凍らせた】

rosolato ロゾラート	saltato サルタート	schiacciato スキアッチャート	aromatizzato アロマティザート
❶【こんがり焼いた】	❶【ソテー】	❶【つぶした】	❶【香辛料のよく効いた】

crudo クルード	fresco フレスコ	tagliato a fette タリアート ア フェッテ	al vapore アル ヴァポーレ
❶【生の】	❶【新鮮な】	❶【細切れにした】	❶【蒸した】

condito コンディート	affumicato アッフミカート	sotto aceto ソット アチェート	dolce ドルチェ
❶【味をつけた】	❶【燻製にした】	❶【酢に漬けた】	❶【甘い】

ripieno / farcito リピエーノ／ファルチート	piccante ピカンテ	sale サーレ	caldo カルド
❶【詰め物をした】	❶【辛い】	❶【塩辛い】	❶【温かい】

aspro アスプロ	調味料 condimento コンディメント	olio オーリオ	pepe ペーペ
❶【すっぱい】		❶【油】	❶【コショウ】

freddo フレッド		olio d'oliva オーリオ ドリーヴァ	mostarda モスタルダ
❶【冷たい】		❶【オリーブオイル】	❶【マスタード】

sale サーレ	peperoncino ペペロンチーノ	aceto アチェート	maionese マイオネーゼ
❶【塩】	❶【唐辛子】	❶【酢】	❶【マヨネーズ】

zucchero ズッケロ	erba aromatica エルバ アロマーティカ	aglio アッリオ	aceto balsamico アチェート バルサミコ
❶【砂糖】	❶【ハーブ】	❶【ニンニク】	❶【バルサミコ酢】

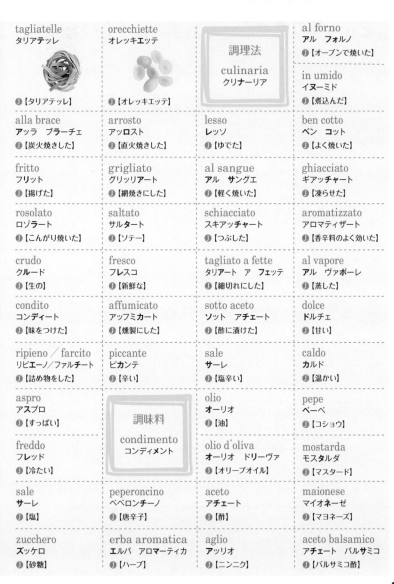

ピッツェリアでとっておきのピザを味わいます

パスタと並ぶ代表的なイタリア料理。
本場のピッツァを、ファストフード感覚で気軽に楽しめるピッツェリアです。

ピザを注文しましょう

注文を おねがいします。	**Vorrei ordinare.** ヴォレイ　オルディナーレ I'd like to order, please.
おすすめのピザは ありますか？	**Quale pizza mi consiglia?** クアーレ　ピッツァ　ミ　コンシィーリア ♪ What pizza do you recommend?
<u>ピッツァ・マリナーラ</u> はありますか？	**Avete la pizza marinara ?** アヴェーテ　ラ　ピッツァ　マリナーラ ♪ Do you have pizza marinara?
<u>ピッツァ・マルゲリー タ</u>をください。	**Vorrei una pizza Margherita .** ヴォレイ　ウナ　ピッツァ　マルゲリータ I'd like a pizza Margerita.
日本語のメニューは ありますか？	**Avete un menù in giapponese?** アヴェーテ　ウン　メヌ　イン　ジャッポネーゼ ♪ Do you have a Japanese menu?
ピザ1枚の大きさは どれくらいですか？	**Quanto è grande una pizza?** クアント　エ　グランデ　ウナ　ピッツァ ♪ How big is a slice?
<u>ナス</u>が入ったピザは ありますか？	**Avete la pizza con melanzane ?** アヴェーテ　ラ　ピッツァ　コン　メランザーネ ♪ Do you have a pizza with eggplants?　素材⇒P.47
<u>アンチョビ</u>が入っていな いピザはどれですか？	**Qual'è la pizza senza acciuge ?** クアレ　ラ　ピッツァ　センツァ　アッチューゲ ♪ Do you have a pizza without anchovies?　素材⇒P.47
野菜だけのピザは ありますか？	**Avete pizza con solo verdura?** アヴェーテ　ピッツァ　コン　ソーロ　ヴェルドゥーラ ♪ Do you have a pizza with vegetables?
飲み物のメニューを 見せてください。	**Posso vedere il menù delle bevande, per favore?** ポッソ　ヴェデーレ　イル　メヌ　デッレ　ベヴァンデ　ペル　ファヴォーレ ♪ Can I see the drink menu?

基本会話

見どころ

グルメ

ショッピング

エンタメ

ビューティ

ホテル

乗りもの

基本情報

単語集

代表的なピザはこちら

マルゲリータ
margherita
マルゲリータ

トマトソース、モッツァレラチーズ、バジルをのせた、イタリアの三色旗と同じ色の最もベーシックなタイプのピッツァ。

ナポリ風ピザ
napoletana
ナポレ**ターナ**

トマトソース、モッツァレラチーズ、バジルとアンチョビをのせた、シンプルな本場ナポリの定番ピッツァ。

カプリチョーザ
capricciosa
カプリ**チョーザ**

カプリチョーザとは「気まぐれ」の意味。あまりものを気まぐれにトッピングして生まれたピッツァ。

マリナーラ
marinara
マリ**ナーラ**

トマトソースとニンニク、オレガノ、アンチョビのみのシンプルなピッツァ。昔の漁師はこれをお弁当に漁に出たという。

カルツォーネ
calzone
カル**ツォーネ**

具をピザ生地で包み焼きにした三日月形のピッツァ。写真はリコッタチーズとハムをはさみこんだもの。

コサッカ
cosacca
コ**ザッカ**

トマトソース、バジル、粉状のペコリーノチーズ、ラードを加えたシンプルな味付け。お店の実力がわかる。

アッラ・ルチアーナ
alla luciana
アッラ
ルチアーナ

タコ、エビ、ムール貝など、魚介類をたっぷりとトッピング。フレッシュトマトを使い、味わいもジューシー。

アッラ・カンパニョーラ
alla campagnola
アッラ
カンパニョーラ

ソースを使わないピッツァ。モッツァレラチーズ、生ハム、ルッコラ、パルメザンチーズなどがのり、サラダ感覚で食べられる。

アッラ・カレッティラ
alla carrettiera
アッラ
カッレッティエラ

ほぐしたソーセージ、バジル、苦味のあるフリアリエッリという野菜をトッピングしたヘルシーなピッツァ。

パターテ・エ・サルシッチャ
patate e salsiccia
パターテ エ
サルシッチャ

パターテはじゃがいも、サルシッチャはソーセージ。じゃがいもとソーセージのボリュームのあるピッツァ。

街かどのカフェでひとやすみ

朝食、ランチ、コーヒーブレイク。イタリア人が何かと利用するカフェでは、
さらにお酒も楽しめます。地元の人にならって気軽に利用してみましょう。

カフェで…

こんにちは。
Buongiorno.
ブオンジョルノ

何名様ですか?
Quanti siete?
クアンティ シエーテ♪

2人です。
Siamo in due.
スィアーモ イン ドゥエ

店内席かテラス席、どちらが良いですか?
Quale posto vuole dentro o in terrazzo?
クアーレ ポスト ヴォーレ デントロ オ イン テラッツォ♪

テラス [カウンター] 席でお願いします。
Preferisco in terrazzo [al banco].
プレフェリスコ イン テラッツォ [アル バンコ]

はい、こちらへどうぞ。
Si, prego.
スィ プレーゴ

メニューをお願いできますか?
Posso avere il menù?
ポッソ アヴェーレ イル メヌ♪

飲み物用ですか、食事用ですか?
Da bere o mangiare?
ダ ベーレ オ マンジャーレ♪

両方お願いします。
Tutti e due, per favore.
トゥッティ エ ドゥエ ペル ファヴォーレ

お決まりですか?
Avete deciso?
アヴェーテ デチーゾ♪

カプチーノとパンナコッタをください。
Un cappucino e una pannacotta, per favore.
ウン カップチーノ エ ウナ パンナコッタ ペル ファヴォーレ

途中で…

問題ないですか?
Tutto OK?
トゥット オーケイ♪

全部おいしいです。
Tutto è stato di mio gradimento.
トゥット エ スタート ディ ミオ グラディメント

どれもおいしそう!
Tutto mi sembra buono.
トゥット ミ センブラ ブォーノ

デザートメニューをいただけますか?
Posso avere il menù dei dolci, per favore?
ポッソ アヴェーレ イル メヌ デイ ドルチ ペル ファヴォーレ♪

52

基本会話

見どころ

グルメ

ショッピング

エンタメ

ビューティ

ホテル

乗りもの

基本情報

単語集

カフェとバール

イタリアには、カフェと同じように利用できるお店として「バール」があります。違いは、カフェがテーブル席主体であるのに対し、バールは立ち飲みが基本ということです。

メニューについて聞いてみましょう

セットメニューはありますか？	**Avete il menù fisso?** ア**ヴェー**テ イル メ**ヌ** フィッソ Do you have a set meal?
これは何ですか？	**Che cos'è questo?** ケ コゼ ク**エ**スト What is this?
おすすめはどれですか？	**Che cosa mi consiglia?** ケ コーザ ミ コン**シィー**リア Which do you recommend?
私も同じものをください。	**Vorrei lo stesso, per favore.** ヴォ**レイ** ロ ス**テッソ** ベル ファ**ヴォー**レ The same for me, please.
日替わり料理 [デザート] は何ですか？	**Qual'è il piatto[dolce] del giorno?** ク**アレ** イル ビ**アット**[**ドルチェ**] デル **ジョル**ノ What is today's special meal[dessert]?
取り分けたいのですが。	**Vorrei dividere.** ヴォ**レイ** ディ**ヴィー**デレ We'd like to share this.
コーヒーのおかわりをください。	**Vorrei avere un altro caffè, per favore.** ヴォ**レイ** ア**ヴェー**レ ウナルトロ **カッフェ** ベル ファ**ヴォー**レ Could I have another cup of coffee, please?

ワンポイント カフェの利用法

テーブル席と立ち飲みでは、注文や支払いの方法が異なります。立ち飲みの場合、レジで注文を伝えて先に会計をすませ、レシートをカウンターのバリスタに見せると注文した品を作ってくれます。テーブル席では、席についたらウェイターに注文をし、最後に支払いをします。テーブル席と立ち飲みでは値段が変わってくるので、先に会計を済ませたけどテーブル席を利用したい！という場合は、お店の人にひとこと伝えましょう。

テーブル席を利用したいのですが。
Vorrei un tavolo.
ヴォ**レイ** ウン ターヴォーロ

LOOK

	をください。
	, per favore.
	ペル　ファ**ヴォ**ーレ
	, please.

カフェメニュー
menù dei caffè
メヌ　デイ　**カッフェ**
お菓子➡P.60・61

caffè
カッフェ

イタリアでカフェといえばエスプレッソ。圧縮抽出で苦味が強い。

🔊【エスプレッソ】

---

caffè lungo
カッフェ　ルンゴ

エスプレッソにお湯が多めに入れてあるもの。

🔊【カフェ・ルンゴ】

caffè macchiato
カッフェ　マッキアート

エスプレッソに泡立てたミルクを少し入れたもの。

🔊【カフェ・マッキアート】

cappuccino
カップ**チ**ーノ

エスプレッソと泡立てたミルクを半々に注いだもの。

🔊【カプチーノ】

marocchino
マロッ**キ**ーノ

カプチーノにココアパウダーを振ったもの。

🔊【マロッキーノ】

---

caffè latte
カッフェ　ラッテ

エスプレッソとホットミルクを半々に注いだもの。

🔊【カフェ・ラッテ】

latte macchiato
ラッテ　マッキアート

泡立てたミルクにエスプレッソを少し注いだもの。

🔊【ラッテ・マッキアート】

caffè con panna
カッフェ　コン　バンナ

エスプレッソの上に生クリームをのせたもの。

🔊【カフェ・コン・パンナ】

cappuccino con cacao
カップ**チ**ーノ　コン　**カ**カオ

カカオパウダー入りのカプチーノ。

🔊【カプチーノ・コン・カカオ】

---

caffè freddo
カッフェ　フレッド

冷たいエスプレッソ。アイスコーヒーに近い。

🔊【カフェ・フレッド】

cioccolata
チョコラータ

ホットチョコレート。程よい甘さで冬にぴったり。

🔊【チョコラータ】

cioccolato con panna
チョコラート　コン　バンナ

チョコラータに生クリームをのせたもの。

🔊【チョコラータ・コン・バンナ】

caffè alla nocciola
カッフェ　アッラ　ノッチョーラ

エスプレッソに砂糖入りヘーゼルナッツクリームを入れたもの。

🔊【カフェ・アッラ・ノッチョーラ】

---

ciocaffe
チョカッフェ

文字通り、ホットチョコレートとコーヒーをミックスしたもの。

🔊【チョカフェ】

panino
パニーノ

サンドイッチ。日本で定着している名称「パニーニ」は複数形。

🔊【パニーニ】

brioche
ブリ**オ**ッシュ

いわゆるクロワッサン状の菓子パン。

🔊【ブリオッシュ】

brioche con crema
ブリ**オ**ッシュ　コン　クレーマ

カスタードクリーム入りブリオッシュ。

🔊【クリームブリオッシュ】

新しい味を試したい

お店オリジナルのコーヒーはどれですか？

Qual'è caffè tipico del negozio?
クアレ　　**カッフェ**　ティービコ　デル　ネゴッツィオ

Which one is the original coffee?

チーズやオリーブオイルの量り売りにチャレンジしましょう

チーズの種類はこちら

 リコッタ
ricotta
リコッタ

チーズを作った後の乳を再度加熱し固めたもの。甘みがある。

 アジアーゴ
asiago
アジアーゴ

牛乳製チーズ。フレッシュ、ハードの2タイプがある。

 ロビオーラ
robiola
ロビオーラ

牛乳、羊乳などを混ぜてつくる。フレッシュ、ハードの2タイプ。

 カステルマーニョ
castelmagno
カステルマーニョ

ナッツのような風味がする牛乳製チーズ。
その他、チーズは ◉P.46

 AOPとは
EU原産の農産物の保護や品質保証を目的とする認証制度。認定商品にはAOPマークが表示されています。

オリーブオイルの種類はこちら

 エクストラバージン
extra vergine
エクストラ ヴェールジネ

風味がすばらしい。酸度が0.8%以下と低く最高級のもの。

 ファインバージン
vergine fino
ヴェールジネ フィーノ

酸度が2%以下で、風味・香りが大変良いもの。

 オーディナリーバージン
vergine corrente
ヴェールジネ コレンテ

酸度が3.3%以下。エクストラよりは劣るが良好な風味がある。

 ピュアオリーブオイル
olio d'oliva
オーリオ ドリーヴァ

バージンオイルと精製したオイルをブレンドしたもの。

 **お役立ち単語集**
WORD

牛乳	latte ラッテ	産地	zona produttrice ソーナ プロドゥットリーチェ	マイルドな	leggero レッジェーロ
		酸味	acidità アチディタ	クリーミーな	cremoso クレモーゾ
		コクのある	gustoso グストーゾ	塩味の効いた	salato サラート
原料	ingredienti イングレディエンティ	なめらかな	tenero テーネロ	香り	profumo プロフーモ

チーズやオリーブオイルを買ってみましょう

モッツァレッラを200グラムいただけますか？

Mi può dare 200 g di mozzarella , per favore?
ミ プオ ダーレ ドゥエ チェント グランミ ディ モッツァレッラ ペル ファヴォーレ 🔊
Could I have 200 grams of mozzarella? チーズ◉P.46　数字◉P.150

このオリーブオイルを500mlいただけますか？

Posso avere 500 ml di olio d'oliva, per favore?
ポッソ アヴェーレ メッツォ リートロ ディ オーリオ ドリーヴァ ペル ファヴォーレ 🔊
Could I have 500 ml of this olive oil? 数字◉P.150

原料は何ですか？

Quali ingredienti ci sono?
クアーリ イングレディエンティ チ ソノ 🔊
What is this made from?

デリでお惣菜を買ってみましょう

街角で見かけるデリには、おいしそうなお惣菜がいっぱい。
気になるものをテイクアウトして、公園でピクニックはいかが？

デリでのお惣菜の買い方
デリで惣菜を買うときは、お店の人にほしいものと分量を伝えます。分量が十分だったら「Basta（バースタ）」、足りなければ「Ancora（アンコーラ）」と言いましょう。
切り売りのピッツァなどは温めてくれる場合もあるので「Mi può scaldare?（ミ　プオ　スカルダーレ↗）」と聞いてみましょう。

デリでお買い物

 こんにちは。
Buongiorno.
ブオンジョルノ

何にいたしましょう？
Che cosa desidera?
ケ　コザ　デジィーデラ↗

モッツァレラチーズとトマトのパニーニをください。
Un panino con mozzarella e pomodoro, per favore.
ウン　パニーノ　コン　モッツァレッラ　エ　ポモドーロ　ペル　ファヴォーレ

他にご注文は？
Che altro vuole?
ケ　アルトロ　ヴォーレ↗

 この魚介のサラダを100gください。
100g di questa insalata alla pescatora, per favore.
チェント　グランミ　ディ　クエスタ　インサラータ　アッラ　ペスカトーラ　ペル　ファヴォーレ

ここで召し上がりますか？
Vuole mangiare qua?
ヴォーレ　マンジャーレ　クア↗

 持ち帰ります、ありがとう。
Da portare via, grazie.
ダ　ポルターレ　ヴィア　グラッツィエ

8ユーロになります。
Costa 8 euro.
コスタ　オット　エウロ

 ありがとう。
Grazie.
グラッツィエ

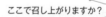

56

□□□□ をください。

□□□□ , per favore.
□□□□ ペル ファヴォーレ

□□□□ , please.

テイクアウト

portare via
ポルターレ **ヴィア**

pizza
ピッツァ
♪【ピザ】

---

panino
パニーノ

♪【パニーニ】

involtini
インヴォル**ティ**ーニ

生地で具材
を巻きこん
だパニーニ
の変形版。

♪【インヴォルティーニ】

crescia sfogliata
クレッシャ スフォリアータ

♪【パン風ピザ】

focaccia
フォ**カ**ッチャ

平たく延ば
して焼いた、
イタリアの
パン。

♪【フォカッチャ】

---

tramezzino
トラメッジィーノ

薄切りのパ
ンに具材を
挟んだも
の。

♪【サンドイッチ】

piadina
ピア**ディ**ーナ

小麦粉で
作った生
地を丸く
広げて焼
いたもの。

♪【ピアディーナ】

insalata di verdura alla pescatora
インサラータ ディ ヴェルドゥーラ アッラ ペスカトーラ

♪【魚介と野菜のサラダ】

acciuga marinata
アッ**チュ**ーガ マリ**ナ**ータ

♪【いわしのマリネ】

---

pomodoro con pangrattato al forno
ポモドーロ コン パングラッタート アル フォルノ

♪【トマトのパン粉焼き】

pollo arrosto
ポッロ ア**ロ**スト

♪【ローストチキン】

quiche
クイッシュ
♪【キッシュ】

torta
ト**ル**タ
♪【パイ】

zuppa
ズッパ
♪【スープ】

acqua minerale
アックア ミネ**ラ**ーレ
♪【ミネラルウォーター】

ワンポイント 具材を選んでみましょう

□□□□ を入れてください。

Può mettere □□□□ , per favore?
プオ メッテレ □□□□ ペル ファ**ヴォ**ーレ ♪

パニーニは希望を言ってその
場で作ってもらうお店もありま
す。パンと具材を選んでお店の
人に伝えましょう。

サラミ
salame
サラーメ

オムレツ
frittata
フリッタータ

ルッコラ
rucola
ルーコラ

グリル野菜
verdura arrosto
ヴェルドゥーラ アロスト

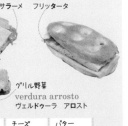

| ほかの具材は こう言います | アーティチョーク carciofo カルチョーフォ | ゆで卵 uovo bollito ウォーヴォ ボリート | 生ハム prosciutto crudo プロシュット クルード | レタス lattuga ラットゥーガ | チーズ formaggio フォルマッジョ | バター burro ブッロ |

57

スイーツも旅の楽しみです

イタリア人は甘いお菓子が大好き。街にはたくさんのパスティチェリア
（お菓子のお店）があります。

パスティチェリアで

こんにちは。
Buongiorno.
ブオンジョルノ

何にいたしましょう？
Che cosa desidera?
ケ コザ デジィーデラ🔊

なにかおみやげにおすすめのものはありますか？
Può consigliarmi qualcosa di bello come regalo?
ブオ コンシィリアールミ クアルコーザ ティ ベッロ コメ レガーロ🔊

チョコレートの詰め合わせがおすすめです。
Consiglio un pacco di cioccolato.
コンシィーリオ ウン パッコ ティ チョッコラート

チョコレートの中にお酒が入っていますか？
C'è liquore nel cioccolato?
チェ リクオーレ ネル チョッコラート🔊

はい、入っています。
Si, c'è.
シー チェ

甘さ控えめなものはありますか？
Avete qualcosa con meno zucchero?
アヴェーテ クアルコーザ コン メーノ ズッケロ🔊

ビスケットはいかがですか？
Vuole dei biscotti?
ヴォーレ デイ ビスコッティ🔊

では、ビスケットを一袋ください。
Allora, un pacco di biscotti, per favore.
アッローラ ウン パッコ ティ ビスコッティ ベル ファヴォーレ

15ユーロになります。
Costa 15 euro.
コスタ クィンディチ エウロ

50ユーロしかありません。おつりをお願いします。
Ho solo 50 euro. Mi può dare il resto, per favore?
オ ソーロ チンクアンタ エウロ ミ ブオ ダーレ イル レスト ベル ファヴォーレ🔊

はい。35ユーロおつりです。
Ecco a Lei. 35euro.
エッコ ア レイ トレンタチンクエ エウロ

ありがとう。
Grazie.
グラッツィエ

| をください。 |
| , per favore. |
| ペル　ファ**ヴォ**ーレ |
| , please. |

スイーツ
dolce
ドルチェ

基本会話

見どころ

グルメ

ショッピング

エンタメ

ビューティ

ホテル

乗りもの

基本情報

単語集

cioccolato
チョッコラート

ⓙ【チョコレート】

tartufo al cioccolato
タルトゥフォ　アル　チョッコラート

ⓙ【トリュフ型チョコ】

panforte
パンフォルテ
シエナの伝統菓子。生地にフルーツやナッツを練り込み焼き上げる。

ⓙ【フルーツケーキ】

brioche
ブリオッシュ
朝食に定番の甘めのパン。水の代わりに牛乳で作る。
ⓙ【ブリオッシュ】

bonbon
ボンボン
溶かした砂糖でナッツや液体状のものをコーティングしたお菓子。
ⓙ【ボンボン】

biscotto
ビスコット

ⓙ【ビスケット】

torta con mousse di cioccolato
トルタ　コン　ムース　ディ　チョッコラート
ⓙ【チョコレートムースケーキ】

pralinè
プラリネ
ナッツペーストが入ったキャラメルを加えて作ったチョコレート。

ⓙ【プラリネ】

tortina
トル**ティ**ーナ
ⓙ【プチケーキ】

biscotti al burro
ビス**コッ**ティ　アル　**ブッ**ロ

ⓙ【バタービスケット】

torta di frutta
トルタ　ディ　フルッタ

ⓙ【フルーツケーキ】

torta di formaggio
トルタ　ディ　フォルマッジョ
ⓙ【チーズケーキ】

babà
ババ
スポンジにラム酒などをひたした焼き菓子。

ⓙ【ババ】

torta di nutella
トルタ　ディ　ヌテッラ
ヌテッラはヘーゼルナッツペーストが入ったチョコレートスプレッド。
ⓙ【ヌテッラのケーキ】

ciambella
チャンベッラ
ⓙ【ドーナツ】

caramella
カラメッラ
ⓙ【キャンディ】

affogato
アフォガート
ⓙ【アフォガート】

budino
ブ**ディ**ーノ
ⓙ【プリン】

gelatina
ジェラ**ティ**ーナ
ⓙ【ゼリー】

profiterole
プロフィテロール
ⓙ【シュークリーム】

すぐに食べたい時は…

ここで食べていきます。

Mangio qua.
マンジョ　クア
I'll eat here.

59

スイーツも旅の楽しみです

イタリアのお菓子ドルチェをご紹介

panna cotta
パンナ　コッタ
↓
パンナコッタ

生クリームと黄卵で作った
プディング。ゼラチンで固め
たババロア風も。

tiramisù
ティラミス
↓
ティラミス

マスカルポーネと、コーヒー
を染み込ませたスポンジケ
ーキ。

macedonia
マッチェドニア
↓
フルーツポンチ

小さくカットしたフルーツを
ワインや紅茶入りシロップ
に漬けたもの。

mille foglie
ミッレ　フォリエ
↓
ミルフィーユ

イタリア版ミルフィーユ。パ
イ生地の間にクリームを挟
んで何層にも重ねる。

zabaione
ザバイオーネ
↓
カスタードクリーム風ドルチェ

黄卵に砂糖とマルサラ酒を
入れて温めながらクリーム
状にし、冷やし固めたもの。

cannolo
カンノーロ
↓
カンノーロ

筒状に固く揚げた生地に、リ
コッタがベースのクリームを
入れたもの。

ドルチェを買いましょう

このケーキを 1つください。	**Un pezzo di questa torta, per favore.** **ウン　ペッツォ　ディ　クエスタ　トルタ　ペル　ファヴォーレ** I'll have one of these cakes.
おすすめは？	**Che cosa c'è di speciale?** **ケ　コザ　　チェ　ディ　スペチャーレ**🎵 What do you recommend?
<u>マロン・グラッセを</u> 5個ください。	5 **marrone canditi**, per favore. **チンクエ　マッローネ　カンディーティ　ペル　ファヴォーレ** Could I have 5 marron glaces?

数字➡P.150　お菓子➡P.59

┃ フルーツの単語もチェック

ブルーベリー mirtillo ミルティッロ	リンゴ mela メーラ	プラム prugna プルーニャ	アプリコット albicocca アルビコッカ
洋ナシ pera ペーラ	桃 pesca ペスカ	イチゴ fragola フラーゴラ	レモン limone リモーネ

santa rosa
サンタ ローザ
↓
クリーム入りパイ

ナポリのサンタローザとい
う修道院で最初に作られた
貝殻型のクリーム入りパイ。

babà
ババ
↓
ババ

きのこ形のスポンジにリモ
ンチェッロやラムを染み込
ませたもの。

bigne
ビニェ
↓
シュークリーム

カスタードやチョコカスター
ドを入れるのが定番。

torta di mela
トルタ ディ メーラ
↓
リンゴのケーキ

家庭で作られることも多く、
「おばあちゃんのケーキ」と
も呼ばれる。

torta di
cioccolato
トルタ ディ チョッコラート
↓
チョコレートケーキ

イタリアでも定番のチョコレ
ートケーキ。焼き上げたもの
と生タイプがある。

mousse di
cioccolato bianco
ムース ディ チョッコラート ビアンコ
↓
ホワイトチョコレートムース

なめらかな味わいのホワイ
トチョコレートムースはフル
ーツソースがぴったり。

ここで食べられ ますか？	Posso mangiare qua? **ポッソ マンジャーレ クア** 🔊 Can I eat here?
おみやげ用に お願いします。	Lo porto via come un regalo, grazie. ロ ポルト **ヴィア** コメ ウン レガーロ グラッツィエ Could you make it a gift?
どのくらい 日持ちしますか？	Quanti giorni si mantiene? **クアンティ ジョルニ スィ マンティエーネ** 🔊 How long does it keep?

お好みのジェラートを味わいたいですね

食べ歩きの定番といえばジェラート (gelato)。新鮮な果物を使ったフルーツ系や、ナッツやチョコなどのクリーム系。どのフレーバーにするか迷ってしまいそうです。

イチゴ
fragola
フラーゴラ

レモン
limone
リモーネ

チョコレート
cioccolato
チョッコラート

ピンクグレープフルーツ
pompelmo rosa
ポンペルモ　ローザ

ピスタチオ
pistacchio
ピスタッキオ

ベリー
frutti di bosco
フルッティ
ディ　ボスコ

ミルク
latte
ラッテ

コーヒー
caffè
カッフェ

マロングラッセ
marrone candito
マッローネ
カンディート

お役立ち単語集 WORD					
		ラム	rum ラム	洋ナシ	pera ペーラ
バニラ	vaniglia ヴァニッリア	イチジク	fico フィーコ	リンゴ	mela メーラ
ミント	menta メンタ	ミカン	mandarino マンダリーノ	ラズベリー	lampone ランポーネ

基本会話

見どころ

グルメ

ショッピング

エンタメ

ビューティ

ホテル

乗りもの

基本情報

単語集

サイズのイタリア語

小	中	大
piccolo	medio	grande
ピッコロ	メディオ	グランデ

桃
pesca
ペスカ

マンゴー&洋ナシ
mango e pera
マンゴ エ ペーラ

シングルは「solo(ソロ)」、ダブルは「doppio(ドッピオ)」、トリプルは「triplo(トリプロ)」。複数のフレーバーを選ぶときはフルーツ系とクリーム系を混ぜないのがイタリア流。

ジェラートをオーダーしてみましょう

コーンにしますか、カップにしますか?	**Vuole cono o coppa?** ヴォーレ コーノ オ コッパ 🔊 Would you like a cone or a cup?
ヘーゼルナッツとチョコレートをコーンでお願いします。	**Vorrei un cono alla nocciola e cioccolato.** ヴォレイ ウン コーノ アッラ ノッチョーラ エ チョッコラート I'll have hazle nuts and chocolate in cone.
これは何のフレーバーですか?	**Che gusto è questo?** ケ グスト エ クエスト 🔊 What flavor is this?
キャラメルソースとナッツをトッピングしてください。	**Con salsa caramellata e frutta secca, per favore.** コン サルサ カラメッラータ エ フルッタ セッカ ペル ファヴォーレ Could you put caramel sauce and nuts on the top?

ワンポイント ジェラートの頼み方

専門店のジェラテリアでは30種類以上のフレーバーが用意され、どれにするか迷ってしまうほど。まずはカップかコーン、そしてサイズを選びます。サイズや値段によって選べるフレーバーの数が異なります。気になるフレーバーは試食させてもらいましょう。チョコやナッツなどのトッピングも別料金で選べます。注文方法はお店によって異なることもありますが、基本は日本と同じです。

Posso assaggiare?
ポッソ アッサッジャーレ 🔊
試食できますか?

冷たいデザートいろいろ

シャーベット sorbetto ソルベット
かき氷 granita グラニータ
シェイク frullato フルッラート

カッサータ
cassata
カッサータ
シチリア島生まれの果物入りのアイスケーキ。いろいろな味が楽しめます。

ワインをかしこく選んで堪能しませんか

国内で1000以上もの種類が造られているワイン。味も値段もさまざまなので、
迷ったらお店の人と相談しながら、お気に入りを見つけましょう。

ワインリストはここをチェック

グラスで
オーダーする　ボトルの
場合の価格　価格

白ワイン

赤ワイン

● rosso — bicchiere　bottiglia
vino di casa
Primitivo　Puglia　　　　　€00　€000
Sangiovese　Emilia-Romagna　€00　€000
Aglianico　Campagna　　　€00　€000
Barbera　Piemonte　　　　€00　€000
Lacrima　Marche　　　　　€00　€000
Lambrusco　Lombardia　　€00　€000
Nero d´ Avola　Sicilia　　€00　€000

● bianco — bicchiere　bottiglia
vino di casa
Garganega　Veneto　　　　€00　€000
Pinot Grigio　Trentino Alto Adige　€00　€000
Albana　Emilia-Romagna　€00　€000
Damaschino　Sicilia　　　€00　€000
Grechetto　Toscana　　　€00　€000
Pampanuto　Puglia　　　　€00　€000

ブドウの種類
ブドウの種類によってワインの味は大きく異なる。気に入ったワインに出会ったら、ブドウの種類を覚えておくと良い。

ハウスワイン
そのお店が独自の判断で選んだワイン。

迷ったら
オススメを
聞きましょう。

ロゼワイン

● rosato
Raboso　Veneto　　　　　€00　€000
Nebbiolo　Piemonte　　　€00　€000

● spumante —
Prosecco　Veneto　　　　€00　€000
Torbato　Sardegna　　　€00　€000
Falanghina　Campagna　€00　€000

産地
北イタリアのピエモンテ州、中部のトスカーナ州、南のシチリア州、カンパーニャ州などが有名。

シャンパン＆
スパークリングワイン

ワインラベルの読み方

ブドウの収穫年

2002

Casaldi Serra

VERDICCHIO
DEI CASTELL DI JESY
DENOMINAZIONE DI ORIGINE CONTROLLATA
CLASSICO SUPERIORE

Umani Ronchi

750 ml

ITALIA
15.3% vol

ワインの等級

醸造所名

容量

ワインの銘柄

瓶詰めした
場所及び
生産地

アルコール度数

基本会話

見どころ

グルメ

ショッピング

エンタメ

ビューティ

ホテル

乗りもの

基本情報

単語集

このワインを ください。	Vorrei questo vino, per favore. ヴォレイ クエスト **ヴィーノ** ペル ファ**ヴォ**ーレ Can I have this wine?
おすすめのワインは 何ですか?	Quale vino mi consiglia? クア**ー**レ **ヴィー**ノ ミ コンシィ**ー**リア ♪ Could you recommend some wine?
甘口のものは どれですか?	Qual'è il vino dolce? クア**レ** イル **ヴィー**ノ ド**ル**チェ ♪ Which one is sweet?
地元のワインは どれですか?	Qual'è il vino locale? クア**レ** イル **ヴィー**ノ ロ**カー**レ ♪ Which one is the local wine?
ワインリストを 見せていただけますか?	Posso vedere la lista dei vini? **ポッ**ソ ヴェデ**ー**レ ラ **リ**スタ デイ **ヴィー**ニ ♪ Can I see the wine list?
試飲をしたいです。	Vorrei assaggiare. ヴォ**レ**イ アッサッジャーレ Can I taste it?
ハウスワインの赤を グラスでお願いします。	Un bicchiere di vino rosso della casa, per favore. ウン ビッキ**エー**レ ディ **ヴィー**ノ **ロッ**ソ **デッ**ラ **カー**ザ ペル ファ**ヴォ**ーレ Could I have a glass of house red?
ハーフボトルは ありますか?	Avete una mezza bottiglia? ア**ヴェー**テ **ウ**ナ **メッ**ツァ ボッ**ティ**リア ♪ Do you have a half bottle?
この料理に合うワインを 選んでいただけますか?	Può consigliarmi un vino adatto per questo piatto? プ**オ** コンシィリアール**ミ** ウン **ヴィー**ノ ア**ダッ**ト ペル ク**エ**スト ピ**アッ**ト ♪ Could you recommend a wine that goes with this dish?

お役立ち単語集 WORD

		ブドウ	uva ウ**ー**ヴァ	甘口	dolce **ド**ルチェ
		格付け	classificazione クラッシフィカツィ**オ**ーネ	ボトル	bottiglia ボッ**ティ**リア
原産地	luogo d'origine ル**オ**ーゴ ド**リ**ジネ	辛口	secco **セッ**コ	グラス	bicchiere ビッキ**エ**ーレ
銘柄	marca **マ**ルカ	薄甘口	abboccato アボッ**カー**ト	ラベル	etichetta エティ**ケッ**タ
収穫年	anno di vendemmia **ア**ンノ ディ ヴェン**デ**ンミア	中甘口	amabile ア**マー**ビレ	コルク	sughero ス**ー**ゲロ

グルメ大国イタリアをマナーを守ってまるかじり

マナーといってもあまり堅苦しく考えないで。最低限の食事ルールを守って、
豊かなイタリアの食文化をゆっくり堪能しましょう。

服装の決まり（ドレスコード）は…

高級レストラン（リストランテ）では、男性はジャケット＋ネクタイ、女性はワンピースやスーツでのドレスアップが必要です。店の雰囲気に合わせて身だしなみを整えましょう。

注文するときは…

前菜〜セコンドまで一気に注文しましょう。最低でもプリモまで。セコンドをおなかと相談してあとで決めたいときは、ウエイターにその事を伝えます。注文表を見てチームで給仕しているので、テーブルでばらばらに注文されると店側はお皿を持ってくるタイミングがあわず混乱してしまいます。

ナイフやフォークは…

落としてしまったときは自分で拾わずに、ウエイターに拾ってもらいましょう。ただし、拾ってもらって当然のような横柄な態度は慎むように。馬鹿にされているように感じて、気分を害するウエイターが多いようです。

早く食べたいからといって、勝手に座らないようにしましょう。

他にも気をつけたいことは？

①オーダーするときは？
テーブル担当のウエイターを待ってオーダーしましょう。1人のこともあれば、ボス＆アシスタント2、3人のチームのこともあります。

②食べるときは？
パスタやスープは決してすすらないこと！スープは食べるものです。また、ゲップはしないようにしましょう…。一般的なエチケットですね。

どうしてローマピッツァは薄いの？
ローマ風ピッツァの生地が薄いのは、気が短い都会っ子のロマーノが、ピッツァが焼ける時間まで待てなかった、という説があるんですよ。

非常識な行為を
しなければ
大丈夫ですよ。

カプチーノは…

日本人は食後にカプチーノを注文する人が多いようです。しかしイタリア人にとってみれば朝飲むものとされているので、驚かれる可能性も。食後のコーヒーはエスプレッソが無難でしょう。

My 醤油や
My 味噌汁は…

自分のバッグから醤油やインスタント味噌汁を出してパスタといっしょに食べたり、味噌汁用のお湯を頼んだりすることはやめましょう。お店に対してかなり失礼で、常識を疑われる態度です。

チップは…

現地の人も最近はあまり置いていきません。サービス料が含まれているときは原則不要ですが、問題なくスムーズに食事ができたときは、少しでもいいので置いていくとスマートです。

③ピザを食べるときは？
ピザは手づかみで食べないようにしましょう。日本のピザのようにあらかじめ切り分けされていません。ナイフとフォークを使います。切り売りのファストフード店では手づかみOKです。

④喫煙するときは？
2005年から施行された禁煙法によって、レストラン・バールなどの公共の場での喫煙は禁止になりました。屋外のテーブル席や路上での喫煙はOK。

楽しく自分好みのファッションを見つけましょう

大好きなあのブランド、このブランド…実はイタリア生まれです。
お店巡りを楽しみながら、自分にぴったりのファッションを探しましょう。

まずはお店を探しましょう

デパートはどこにありますか？	Dove c'è un grande magazzino ? ドヴェ チェ ウン グランデ マガジィーノ 🔊 Where is the department store? ショップ ☞ P.69
歩いてそこまで行けますか？	Ci si arriva a piedi? チ スィ アッリーヴァ ア ピエーディ 🔊 Can I go there on foot?
それはどこで買えますか？	Dove posso comprarlo? ドヴェ ポッソ コンプラールロ 🔊 Where can I buy that?

お店についてたずねましょう

営業時間を教えていただけますか？	Mi fa sapere l'orario di apertura, per favore? ミ ファ サペーレ ロラーリオ ディ アペルトゥーラ ペル ファヴォーレ 🔊 What are the business hours?
定休日はいつですか？	Quando è la chiusura? クアンド エ ラ キウズーラ 🔊 What day do you close?
店内案内図はありますか？	C'è una piantina del negozio? チェ ウナ ピアンティーナ デル ネゴッツィオ 🔊 Do you have an information guide?
靴を買うにはどこに行けばいいですか？	Dove posso andare per comprare le scarpe? ドヴェ ポッソ アンダーレ ペル コンプラーレ レ スカルペ 🔊 Where should I go to buy shoes? ファッション ☞ P.75
エスカレーター [エレベーター] はどこですか？	Dov'è la scala mobile [l'ascensore]? ドヴェ ラ スカラ モービレ [ラッシェンソーレ] 🔊 Where is the escalator [elevator] ?
バッグ売り場を探しています。	Cerco dove vendono borse . チェルコ ドヴェ ヴェンドノ ボルセ I'm looking for bags. ファッション ☞ P.75

基本会話

見どころ

グルメ

ショッピング

エンタメ

ビューティ

ホテル

乗りもの

基本情報

単語集

荷物を預かってもらえるところはありますか?

C'è un posto dove posso lasciare i miei bagagli?
チェ ウン ポスト ドヴェ ポッソ ラッシャーレ イ ミエイ バガッリ 🔊
Where is the cloak room?

日本語を話せるスタッフはいますか?

C'è qualcuno che parla giapponese?
チェ クアルクーノ ケ パルラ ジャッポネーゼ 🔊
Is there someone who speaks Japanese?

店内にATMはありますか?

C'è distributore denaro in negozio?
チェ ディストゥリブトーレ デナーロ イン ネゴッツィオ 🔊
Do you have an ATM here?

顧客サービス窓口はどこですか?

Dov'è lo sportello servizio clienti?
ドヴェ ロ スポルテッロ セルヴィッツィオ クリエンティ 🔊
Where is the customer service?

LOOK

[____] はどこにありますか?

Dove c'è [____] ?
ドヴェ チェ [____] 🔊
Where is [____] ?

grande magazzino
グランデ マガジィーノ
🇯🇵【デパート】

negozio selezionato
ネゴッツィオ セレッツィオナート
🇯🇵【セレクトショップ】

negozio di confezioni	negozio di scarpe	centro commerciale	negozio di cosmetici
ネゴッツィオ ディ コンフェツィオーニ	ネゴッツィオ ディ スカルペ	チェントロ コンメルチャーレ	ネゴッツィオ ディ コスメティチ
🇯🇵【洋服屋】	🇯🇵【靴屋】	🇯🇵【ショッピングモール】	🇯🇵【コスメの店】
Prada	Gianni Versace	negozio di borse	negozio duty-free
プラーダ	ジャンニ ヴェルサーチ	ネゴッツィオ ディ ボルセ	ネゴッツィオ デューティ フリー
🇯🇵【プラダ】	🇯🇵【ジャンニ・ヴェルサーチ】	🇯🇵【カバン屋】	🇯🇵【免税店】
Salvatore Ferragamo	Gucci	Giorgio Armani	Max Mara
サルヴァトーレ フェラガーモ	グッチ	ジョルジョ アルマーニ	マックス マーラ
🇯🇵【サルヴァトーレ・フェラガモ】	🇯🇵【グッチ】	🇯🇵【ジョルジオ・アルマーニ】	🇯🇵【マックスマーラ】
BVLGARI	Tod's	Dolce & Gabbana	miumiu
ブルガリ	トッズ	ドルチェ エ ガッバーナ	ミュウミュウ
🇯🇵【ブルガリ】	🇯🇵【トッズ】	🇯🇵【ドルチェ&ガッバーナ】	🇯🇵【ミュウミュウ】
Fendi	Emilio Pucci	Furla	Ermenegildo Zegna
フェンディ	エミリオ プッチ	フルラ	エルメネジルド ゼニア
🇯🇵【フェンディ】	🇯🇵【エミリオ・プッチ】	🇯🇵【フルラ】	🇯🇵【エルメネジルド・ゼニア】
Etro	Bottega Veneta	Chanel	Louis Vuitton
エトロ	ボッテガ ヴェネタ	シャネール	ルイ ヴィトン
🇯🇵【エトロ】	🇯🇵【ボッテガ・ヴェネタ】	🇯🇵【シャネル】	🇯🇵【ルイ・ヴィトン】

楽しく自分好みのファッションを見つけましょう

お店に入ったら…

いらっしゃいませ。
Buongiorno.
ブォンジョルノ

何かお探しですか?
Cerca qualcosa?
チェルカ クアルコーザ
What are you looking for?

見ているだけです、ありがとう。
Sto solo guardando, grazie.
スト ソーロ グアルダンド グラッツェ
I'm just looking, thank you.

お店に入る時は必ず
Buongiorno! と元気よく
あいさつを。何も言わない
とお店の人はよく思いません~。

また来ます。
Vengo di nuovo.
ヴェンゴ ディ ヌオーヴォ
I'll come back later.

すみません、ちょっと聞いてもいいですか?
Scusi, posso farLe una domanda?
スクーズィ ポッソ ファルレ ウナ ドマンダ
Excuse me, can you help me?

これに合う靴はありますか?
Avete scarpe che si intonano con questo?
アヴェーテ スカルペ ケ シ イントーナノ コン クエスト
Do you have shoes that go with this?

母へのプレゼントに、カーディガンを探しています。
Cerco un cardigan come regalo per mamma.
チェルコ ウン カルディガン コメ レガーロ ペル マンマ
I'm looking for a cardigan for my mother.

この雑誌に載っているブラウスを見たいのですが。
Vorrei vedere la camicetta uguale a quella della rivista.
ヴォレイ ヴェデーレ ラ カミチェッタ ウグアーレ ア クエッラ デッラ リヴィスタ
I'd like to see the blouse on this magazine.

黒のジャケットに合う、明るい色のスカートはありますか?
Avete una gonna chiara che ci sta con la giacca nera?
アヴェーテ ウナ ゴンナ キアーラ ケ チ スタ コン ラ ジャッカ ネーラ
Do you have a skirt in light color that goes with a black jacket?

仕事用のスーツを探しています。
Cerco un completo per lavoro.
チェルコ ウン コンプレート ペル ラヴォーロ
I'm looking for a suit for work.

買いたい
時は
コレ

すみません、これください。/いくらですか?
Scusi, questo, per favore. / Quanto costa?
スクーズィ クエスト ペル ファヴォーレ/クアント コスタ
I'll take this. / How much is it?

友人へのおみやげ用に、スカーフを探しています。	Cerco una sciarpa come regalo per un'amica. チェルコ ウナ シャルパ コメ レガーロ ペル ウナミーカ I'm looking for a scarf for my friend.
新製品のカタログはありますか？	Avete un catalogo dei prodotti nuovi? アヴェーテ ウン カターロゴ デイ プロドッティ ヌオーヴィ ♪ Do you have a catalog of new items?
秋物のスカートはもう入っていますか？	Avete gia gonne autunnali? アヴェーテ ジャ ゴンネ アウトゥンナーリ ♪ Do you have a skirt for autumn season?
綿の<u>セーター</u>はありますか？	C'è un maglione di cotone? チェ ウン マリオーネ ディ コトーネ ♪ Do you have cotton sweaters?　　ファッション ◎ P.75
これを見たいのですが。	Vorrei vedere questo. ヴォレイ ヴェデーレ クエスト I'd like to see this.
カジュアル[ドレッシー]なものを探しています。	Cerco cose casual [eleganti]. チェルコ コーゼ ケージュアル[エレガンティ] I'd like something casual [dressy].
右[左]から<u>3番目</u>のものを見せていただけますか？	Posso vedere la terza da destra [sinistra]? ポッソ ヴェデーレ ラ テルツァ ダ デストラ[シニストラ] ♪ Please show me the third one from the right.　　数字 ◎ P.150
これは何というブランドですか？	Come si chiama questa marca? コメ スィ キアーマ クエスタ マルカ ♪ What brand is this?
新製品は発売されていますか？	C'è qualche novità? チェ クアルケ ノヴィタ ♪ Do you have any new items?
これと同じものはありますか？	C'è ne uno uguale a questo? チェ ネ ウノ ウグワーレ ア クエスト ♪ Is there one the same as this?
ちょっと考えさせてください。	Ci penso un po'. チ ペンソ ウン ポ I need a little more time to think.
これは本物ですか？	È originale? エ オリジナーレ ♪ Is this real?

楽しく自分好みのファッションを見つけましょう

お目当てを探しましょう

これをいただきます。	Prendo questo. プレンド クエスト I'll take this.
デザインの似ている ものはありますか？	Avete qualcosa di simile? アヴェーテ クアルコーザ ディ シーミレ Do you have one with a similar design?
ほかの服も着てみて いいですか？	Posso provare un altro vestito? ポッソ プロヴァーレ ウナルトロ ヴェスティート Can I try some other clothes?
手にとっても いいですか？	Posso toccare? ポッソ トッカーレ Can I pick this up?
つけてみても いいですか？	Posso provarlo? ポッソ プロヴァルロ May I try this on?
鏡を見せて いただけますか？	Posso vedermi allo specchio? ポッソ ヴェデールミ アッロ スペッキオ May I see a mirror?
鏡はどこですか？	Dov'è lo specchio? ドヴェ ロ スペッキオ Where is the mirror?
試着しても いいですか？	Posso provarlo? ポッソ プロヴァルロ Can I try this on?
私のサイズは 40です。	La mia taglia è 40. ラ ミア タッリア エ クワランタ My size is 40. 　　　数字 P.150

サイズの違いに注意しましょう

婦人服

日本	5号	7号	9号	11号	13号	15号	17号
イタリア	36	38	40	42	44	46	48

婦人靴

日本	22.5	23	23.5	24	24.5	25	25.5
イタリア	35	36	37	38	39	40	41

基本会話

見どころ

グルメ

ショッピング

エンタメ

ビューティ

ホテル

乗りもの

基本情報

単語集

38のものは ありますか?	**Avete la 38 ?** アヴェーテ ラ トレントット Do you have 38 ? 数字 P.150
ちょっときつい [緩い] ようです。	**È un po' piccolo [grande] per me.** エ ウン ポ ピッコロ [グランデ] ペル メ This is a little bit tight [loose] .
1サイズ大きい [小さ い] ものはありますか。	**Avete la taglia più grande [piccola]?** アヴェーテ ラ タッリア ピュー グランデ [ピッコラ] Do you have a bigger [smaller] size?
長 [短か] すぎます。	**È troppo lungo [corto].** エ トロッポ ルンゴ [コルト] This is too long [short] .
生地が厚い [うすい] コ ートがほしいのですが。	**Vorrei un cappotto pesante [leggero].** ヴォレイ ウン カッポット ペザンテ [レッジェーロ] I want a thick [thin] coat.
サイズが 合いませんでした。	**La taglia non è quella giusta.** ラ タッリア ノネ クエッラ ジュスタ It didn't fit me.
ごめんなさい、 また来ます。	**Scusi, torniamo più tardi.** スクーズィ トルニアーモ ピュー タルディ I'm sorry. We'll come back again.
ちょっと他を 見てきます。	**Vado a vedere qualcos'altro.** ヴァード ア ヴェデーレ クアルコーザルトロ I'll try something else.

流行に敏感な
あなたは
コレ

人気のものはどれですか?

Qual'è più di successo?
クアレ ピュー ディ スチェッソ
Which one is popular?

73

楽しく自分好みのファッションを見つけましょう

店員さんに聞いてみましょう

サイズを調整して もらえますか？	Può farla aggiustare per la mia misura, per favore? プオ ファルラ アッジュスターレ ペル ラ ミア ミズーラ ペル ファヴォーレ ♪ Can you adjust the size?
どれくらい（時間が） かかりますか？	Quanto tempo ci vuole? クアント テンポ チ ヴォーレ ♪ How long does it take?
ほかの柄[色]は ありますか？	C'è un altro disegno [colore]? チェ ウナールトロ ディセニョ [コローレ] ♪ Do you have another print [color]?
黒いものは ありますか？	Avete nero? アヴェーテ ネーロ ♪ Do you have a black one?　　　　　　色・模様→P.77
色違いは ありませんか？	Avete altri colori? アヴェーテ アルトリ コローリ ♪ Do you have a different color?
これは純金[銀] ですか？	Questo è d'oro puro [d'argento]? クエスト エ ドーロ プーロ [ダルジェント] ♪ Is this pure gold [silver]?
この素材は何ですか？	Di che materiale è? ディ ケ マテリアーレ エ ♪ What is this made of?
カシミヤ[綿]素材の ものはありますか？	Avete qualcosa di cashmere [cottone]? アヴェーテ クアルコーザ ディ カシミル [コトーネ] ♪ Do you have something made of cashmere [cotton]?
防水加工 されていますか？	È impermeabilizzato? エ インペルメアッビリッザート ♪ Is this waterproof?

お役立ち単語集 WORD		本革	vera pelle ヴェーラ ペッレ	スエード	pelle scamosciata ペッレ スカモシャータ
		シルク	seta セータ	人工皮革	finta pelle フィンタ ペッレ
柔らかい	morbido モルビド	麻	lino リーノ	明るい色	colore chiaro コローレ キアーロ
固い	duro ドゥーロ	ウール	lana ラーナ	暗い色	colore scuro コローレ スクーロ

74

基本会話

見どころ

グルメ

ショッピング

エンタメ

ビューティ

ホテル

乗りもの

基本情報

単語集

LOOK

	をください。
	, per favore.
	ベル ファヴォーレ
	, please.

ファッション
modo di vestire
モード ディ ヴェスティーレ

maglietta
マッリエッタ

❶【Tシャツ】

taglio cucci
タリオ クッチ

❶【カットソー】

abito intero
アビト インテーロ

❶【ワンピース】

maglia
マリア

❶【ニット】

cardigan
カルディガン

❶【カーディガン】

gonna
ゴンナ

❶【スカート】

giacca
ジャッカ
❶【ショートコート/ジャケット】

cappotto
カッポット

❶【コート】

guanti
グアンティ

❶【手袋】

scarpe
スカルペ
❶【靴】

abito
アビト
❶【ドレス】

camicia
カミーチャ
❶【シャツ】

pantaloni
パンタローニ
❶【ズボン】

canottiera
カノッティエーラ
❶【キャミソール】

camicetta
カミチェッタ
❶【ブラウス】

jeans
ジンス
❶【ジーンズ】

cappello
カッペッロ
❶【帽子】

felpa con cappuccio
フェルパ コン カプッチョ
❶【パーカー】

sciarpa
シャルパ
❶【スカーフ】

stola
ストーラ
❶【ストール】

intimo
インティモ
❶【ショーツ】

reggiseno
レジセーノ
❶【ブラジャー】

calzamaglie
カルツァマリエ
❶【タイツ】

calze
カルツェ
❶【靴下】

水洗いできますか？

Può lavare con acqua?
プオ ラヴァーレ コン アックア 🔊
Is this washable?

もう少し安いものは
ありますか？

Avete qualcosa di più economica?
アヴェーテ クアルコーザ ディ ピュー エコノミカ 🔊
Do you have a little cheaper one?

楽しく自分好みのファッションを見つけましょう

お会計で…

全部でいくらですか？	Quanto costa in totale? クアント コスタ イン トターレ 🔊 How much are all these together?
税金は 含まれていますか？	Le tasse sono incluse? レ タッセ ソノ インクルーゼ 🔊 Does it include tax?
このクレジットカード は使えますか？	Posso pagare con questa carta di credito? ポッソ パガーレ コン クエスタ カルタ ディ クレーディト 🔊 Do you accept this credit card?
免税で買えますか？	Posso comprarlo senza tasse? ポッソ コンプラルロ センサ タッセ 🔊 Can I buy it tax-free?
免税申告書を いただけますか？	Posso avere un modulo per il rimborso delle tasse? ポッソ アヴェーレ ウン モードゥロ ペル イル リンボルソ デッレ タッセ 🔊 Can I have a customs form?
計算が 間違っています。	C'è un errore nel conto. チェ ウネローレ ネル コント I think there is a mistake in this bill.
おつりが 違っています。	Il resto è sbagliato. イル レスト エ ズバリアート You gave me the wrong change.

返品・交換・クレームがあったら…

開けたら品物が 違いました。	Dopo aperto ho visto che il prodotto è diverso. ドーポ アペルト オ ヴィスト ケ イル プロドット エ ディヴェールソ This is different from what I bought.
まだ使っていません。	Non l'ho ancora usato. ノン ロ アンコーラ ウザート I haven't used it at all.

76

LOOK

◻◻◻◻色はありますか?

Avete ◻◻◻◻ **?**
ア**ヴェ**ーテ ◻◻◻◻
Do you have a ◻◻◻◻ one?

色
colore
コローレ

nero
ネーロ

❶【黒】

基本会話

見どころ

グルメ

ショッピング

エンタメ

ビューティ

ホテル

乗りもの

基本情報

単語集

bianco ビアンコ ❶【白】	rosso ロッソ ❶【赤】	blu ブル ❶【青】	giallo ジャッロ ❶【黄】
verde ヴェルデ ❶【緑】	rosa ローザ ❶【ピンク】	arancione アランチョーネ ❶【オレンジ】	viola ヴィオーラ ❶【紫】
avorio アヴォーリオ ❶【アイボリー】	beige ベイジュ ❶【ベージュ】	marrone マッローネ ❶【茶】	oro オーロ ❶【金】
argento アルジェント  ❶【銀】	模様 disegno ディセニョ	striscia ストリッシャ ❶【ストライプ】	a quadretti ア クワドゥレッティ ❶【チェック】
fiorato フィオラート ❶【花柄】	a pois ア プア ❶【水玉】	tessuto a tinta unita テッスート ア ティンタ ウニータ ❶【無地】	moda モーダ ❶【流行の】

お気に入りの靴&バッグを見つけたいですね

イタリアには、かわいくてセンスのよい靴&バッグがたくさん♪
お店の人と会話しながら、楽しくお買い物しましょう。

靴屋さん編

これの <u>36</u> サイズはありますか?	**Avete la taglia 36 di questo modello?** アヴェーテ ラ **タ**ッリア トレンタセイ ディ ク**エ**スト モデッロ♪ Do you have this in 36 ?　　　　サイズ☞P.72
少しキツい [ゆるい] ような気がします。	**Mi sta un po' stretto [largo].** ミ スタ ウン ポ ストレット [**ラ**ールゴ] It's a little tight [loose].
つま先があたります。	**Mi tocca la punta dei piedi.** ミ **ト**ッカ ラ **プ**ンタ **デ**イ ピ**エ**ディ My toes hurt.
もう半サイズ大きい [小さい] ものはありますか?	**Avete mezza taglia più grande [piccola]?** アヴェーテ メッツァ **タ**ッリア ピュー グ**ラ**ンデ [ピッコラ]♪ Do you have a half-size bigger [smaller] than this?
かかとが高 [低] すぎるようです。	**Il tacco è troppo alto [basso].** イル **タ**ッコ エ トロッポ **ア**ルト [バッソ] I think the heels are too high [low].
ぴったりです!	**La misura è giusta!** ラ ミ**ズ**ーラ エ **ジ**ュスタ This is perfect.
これが気に入りました。	**Mi piace questo.** ミ ピ**ア**チェ ク**エ**スト I like this one.

お役立ち単語集 WORD		
	ミュール　mule 　ムーレ	ロングブーツ stivali lunghi 　スティ**ヴァ**ーリ ルンギ
	バレリーナ scarpe da ballerina シューズ　スカルペ ダ バッレリーナ	スニーカー scarpe da ginnastica 　スカルペ ダ ジンナスティカ
パンプス　scarpe scollate 　スカルペ スコッラーテ	ブーツ　stivali 　スティ**ヴァ**ーリ	布製　di tessuto 　ディ テッスート
ヒールのある scarpe con tacchi alti パンプス　スカルペ コン **タ**ッキ **ア**ルティ	ショートブーツ stivaletti 　スティヴァ**レ**ッティ	革製　di pelle 　ディ ペッレ
サンダル　sandali 　**サ**ンダリ	ハーフ　stivali a mezza altezza ブーツ　スティ**ヴァ**ーリ ア **メ**ッツァ アル**テ**ッツァ	歩き　comodo per camminare やすい コモド ペル カンミ**ナ**ーレ

78

バッグ屋さん編

黒いバッグが欲しいのですが。	**Vorrei una borsa nera .** ヴォレイ ウナ ボルサ ネーラ I'd like a black bag.	色・模様◎P.77
ボタン[ジッパー]で閉まるものが良いです。	**Come chiusura preferisco con i bottoni[a zip].** コメ キウズーラ プレフェリスコ コン イ ボットーニ[ア ジップ] I want one that has buttons[a zipper].	
もっと大きい[小さい]ものはありますか?	**Avete più grande[piccolo]?** アヴェーテ ピュー グランデ[ピッコロ]♪ Do you have a bigger[smaller] one?	
他の色はありますか?	**Avete un altro colore?** アヴェーテ ウナルトロ コローレ♪ Do you have a different color?	
新しいものはありますか?	**Ci sono i prodotti nuovi?** チ ソノ イ プロドッティ ヌオーヴィ♪ Do you have a new one?	
人気のものはどれですか?	**Qual'è più alla moda?** クアレ ピュー アッラ モーダ♪ Which one is popular?	
鮮やかな色のものが良いです。	**Preferisco un colore brillante.** プレフェリスコ ウン コローレ ブリランテ I'd like a colorful one.	
ポケットや仕切りがついているものはありますか?	**Avete qualcosa con tasca e divisorio?** アヴェーテ クアルコーザ コン タスカ エ ディヴィゾーリオ♪ Do you have one that has pockets or compartments?	

お役立ち単語集 WORD

ハンドバッグ	borsa ボルサ	旅行用	da viaggio ダ ヴィアッジョ	ジッパー	zip ジップ
ショルダーバッグ	borsa a tracolla ボルサ ア トラコッラ	仕事用	da lavoro ダ ラヴォーロ	革製	di pelle ディ ペッレ
スーツケース	valigia ヴァリージャ	普段用	giornaliero ジョルナリエーロ	布製	di tessuto ディ テッスート
		肩ひもあり	con tracolla コン トラコッラ	防水加工	impermeabilizzazione インペルメアビリザッツィオーネ
		肩ひもなし	senza tracolla センツァ トラコッラ	ポケット	tasca タスカ

79

アクセサリーを探しましょう

イタリアならではのセンスが光るアクセサリー。
自分用に、おみやげに、いくつも欲しくなってしまいます。

お気に入りを見つけましょう

この指輪を見せて いただけますか？	**Posso vedere questo anello ?** ポッソ ヴェデーレ クエスト アネッロ Can I see this ring? アクセサリー ⮞P.81
この石は何ですか？	Che tipo di pietra è questa? ケ ティーポ ディ ピエトラ エ クエスタ What is this stone?
何カラットですか？	Quanti carati sono? クアンティ カラーティ ソノ What carat is this?
イタリア製ですか？	È stato fatto in Italia? エ スタート ファット イン イターリア Is this made in Italy?
どのくらいの 長さがほしいですか？	Quanta lunghezza vuole? クアンタ ルンゲッツァ ヴォーレ How long do you want?
2mお願いします。	Due metri, per favore. ドゥエ メトリ ペル ファヴォーレ I'll have two meters of it. 数字 ⮞P.150
プレゼント用に お願いできますか？	Può incartarlo come regalo, per favore? プオ インカルタルロ コメ レガーロ ペル ファヴォーレ Could you make it a present?
別々に包んで いただけますか？	Può incartarli separatamente, per favore? プオ インカルタルリ セパラタメンテ ペル ファヴォーレ Could you wrap these individually?
リボンをつけて いただけますか？	Può metterci un nastro, per favore? プオ メッテルチ ウン ナストロ ペル ファヴォーレ Could you put some ribbons?
割れないように包んで いただけますか？	Può confezionare con più attenzione, per favore? プオ コンフェツィオナーレ コン ピュー アテンツィオーネ ペル ファヴォーレ Could you wrap these so it doesn't break?

> イタリアでは、商品の値段に4〜22％の付加価値税（VAT）が含まれていますが、EU以外の外国居住者が1日に1軒で約€155以上の買い物をすると免税手続きが可能に。会計時に「タックスフリー」と伝えて免税書類を作ってもらいましょう。パスポートの提示が必要です。

□□□□ をください。

□□□□ , per favore.

□□□□ ペル ファ**ヴォ**ーレ

□□□□ , please.

アクセサリー
accessori
アッチェッソーリ

anello
ア**ネッ**ロ

❶【指輪】

---

collana
コッ**ラ**ーナ

❶【ネックレス】

bracciale
ブラッ**チャ**ーレ

❶【ブレスレット】

orecchini
オレッ**キ**ーニ

❶【ピアス】

spilla
ス**ピッ**ラ

❶【ブローチ】

---

collarino
コッラ**リ**ーノ

❶【チョーカー】

ornamento per capelli
オルナメント ペル カペッリ

❶【髪飾り】

braccialetto
ブラッチャ**レッ**ト

❶【バングル】

anello per mignolo
ア**ネッ**ロ ペル ミン**ニョ**ロ

❶【ピンキーリング】

ciondolo
チョンドロ

❶【ペンダントヘッド】

ワンポイント 指輪のサイズに注意！

日本とイタリアでは、サイズの表記が異なります。
また、メーカーによっても異なることがあるので、
必ず試着して確認しましょう。　数字 ➡ P.150

日本	7	8	9	10	11	12	13
イタリア	47	48	49	50	51	52	53

誕生石をチェック

1月	2月	3月	4月
ガーネット	アメジスト	アクアマリン	ダイヤモンド
5月	6月	7月	8月
エメラルド	パール	ルビー	ペリドット
9月	10月	11月	12月
サファイア	トルマリン	トパーズ	ターコイズ

お役立ち単語集 WORD

シルバー	argento アルジェント
プラチナ	platino プラーティノ
ジルコニア	zirconio ジルコーニオ
ガラス	vetro ヴェートロ

ガーネット	granato グラナート
アメジスト	ametista アメティスタ
アクアマリン	acquamarina アックアマリーナ
ダイヤモンド	diamante ディアマンテ
エメラルド	smeraldo ズメラルド
パール	perla ペルラ

ルビー	rubino ルビーノ
ペリドット	peridoto ペリドート
サファイア	zaffiro ザッフィロ
トルマリン	tormalina トルマリーナ
トパーズ	topazio トパッツィオ
ターコイズ	turchese トゥルケーゼ

間違えないコスメの買い方を覚えましょう

オリーブオイルやハーブなどの天然素材を用い、伝統的な手法で作られた
自然派コスメがおすすめです。コスメをもとめて、薬局を訪れてみては？

イタリアコスメの選び方

イタリアで選びたい化粧品は、ハーブ薬局や修道院の薬局で作られた、天然素材のオリジナルコスメです。何百年も語り継がれるレシピで作られたコスメは、肌にやさしく効果抜群。お店でしっかり試して、気に入った使い心地や香りのものを選びましょう。

コスメを探しましょう

ファンデーションを探しています。	**Cerco fondotinta .** チェルコ フォンドティンタ I'm looking for a foundation cream. 　　化粧品 ☞P.84
敏感肌でも使えますか？	**Posso usare per pelle sensibile?** ポッソ ウザーレ ペル ペッレ センシービレ 🔊 Can this be used on sensitive skin?
日中用 [夜用]ですか？	**È da giorno [notte]?** エ ダ ジョルノ [ノッテ] 🔊 Is it for daytime use[night time use]?
添加物は使っていますか？	**Ci sono additivi?** チ ソノ アッディティヴィ 🔊 Does it contain additives?

店員さんに聞いてみましょう

この商品はどうやって使うのですか？

Come si usa questo prodotto?
コメ シ ウーザ クエスト プロドット 🔊
How can I use this?

化粧ラベルの表示 WORD

アンチエイジング	anti age アンティ アッジェ	しわ	rughe ルーゲ	無香料	senza profumo センツァ プロフーモ
		毛穴	pori ポーリ	防腐剤不使用	senza antisettico センツァ アンティセッティコ
		植物性の	vegetale ヴェジェターレ	保存料不使用	senza conservante センツァ コンセルヴァンテ
しみ対策	anti rughe アンティ ルーゲ	無着色	senza colore センツァ コローレ	オーガニック	biologico ビオロージコ

82

基本会話

見どころ

グルメ

ショッピング

エンタメ

ビューティ

ホテル

乗りもの

基本情報

単語集

修道院で作られた化粧品も人気です。

修道院にはかつて大勢の植物学者がいて、育てた
ハーブを使い調剤を行なっていました。後にその
技術を受け継いだコスメが誕生し、現在も修道院
生まれの化粧品として薬局などで売られています。

日本未入荷の コスメはありますか?	**Avete cosmetici che non ci sono ancora in Giappone?** アヴェーテ コズメーティチ ケ ノン チ ソノ アンコーラ イン ジャポーネ Do you have any cosmetics that isn't available in Japan?
試してみても 良いですか?	**Posso provarlo?** ポッソ プロヴァルロ Can I try this?
UV効果は ありますか?	**Ha effetto contro i raggi ultravioletti?** ア エフェット コントロ イ ラッジ ウルトラヴィオレッティ Does it block UV rays?
この色に近い ものはありますか?	**Avete un colore simile a questo?** アヴェーテ ウン コローレ シーミレ ア クエスト Do you have one close to this color?
他の色を見せて いただけますか?	**Posso vedere gli altri colori?** ポッソ ヴェデーレ リ アルトリ コローリ Can I see the other colors?
新色はどれですか?	**Qual'è un colore nuovo?** クアレ ウン コローレ ヌォーヴォ Which color is the new one?
もっと薄い[濃い]色のファ ンデーションはありますか?	**C'è un fondotinta più chiaro [scuro]?** チェ ウン フォンドティンタ ピュー キアーロ [スクーロ] Do you have a foundation in lighter [darker] color?
スパの化粧品は どれですか?	**Qual'è il cosmetico di Spa?** クアレ イル コズメーティコ ディ スパ Which one is the cosmetics of Spa?
オリーブオイルを 使っていますか?	**Usate olio d'oliva?** ウザーテ オーリオ ドリーヴァ Does it use olive oil?
これは顔用ですか、 身体用ですか?	**Questo è per viso o corpo?** クエスト エ ペル ヴィーゾ オ コルポ Is this for face or body?

はありますか?

Avete　　　　?

アヴェーテ　　　　🔊

Do you have 　　　　?

化粧品

cosmetico
コズメーティコ

---

burrocacao
ブッロカカオ

🔊【リップクリーム】

---

acqua
di rosa
**アックア
ディ　ローザ**

🔊【ローズウォーター】

siero
シエロ

🔊【美容液】

crema contorno occhi
クレーマ コントールノ オッキ

🔊【アイクリーム】

maschera
マスケラ

🔊【美容マスク/パック】

rossetto
ロッセート

🔊【口紅】

lucidalabbra
ルチダラッブラ

🔊【グロス】

---

matita per gli occhi
マティータ ペル リ オッキ

🔊【アイライナー】

matita per le sopracciglie
マティータ ペル レ ソプラチッリエ

🔊【アイブロウ】

smalto
ズマルト

🔊【マニキュア】

polvere
ポルヴェレ

🔊【パウダー】

---

ombretto
オンブレット

🔊【アイシャドー】

mascara
マスカーラ

🔊【マスカラ】

fondotinta
フォンド**ティンタ**

🔊【ファンデーション】

liquido
リクイド

🔊【リキッド】

---

fard
ファルド

🔊【チーク】

lozione idratante
ロツィオーネ イドラタンテ

🔊【化粧水】

olio aromatizzato
オーリオ アロマティザート

🔊【アロマオイル】

crema idratante
クレーマ イドラタンテ

🔊【保湿クリーム】

---

correttore fluido
コレットーレ フルイド

🔊【コンシーラー】

latte idratante
ラッテ イドラタンテ

🔊【乳液】

gel aromatizzato
ジェル アロマティザート

🔊【アロマジェル】

crema base
クレーマ バーゼ

🔊【下地クリーム】

---

crema da giorno
クレーマ ダ ジョルノ

🔊【デイ(昼用) クリーム】

struccante
ストゥルッカンテ

🔊【化粧落とし】

gommage
ゴンマージュ

🔊【ゴマージュ】

---

crema da notte
クレーマ ダ ノッテ

🔊【ナイト (夜用) クリーム】

crema detergente
クレーマ デテルジェンテ

🔊【洗顔料】

esfoliazione
エスフォリアツィオーネ

🔊【ピーリング】

成分

elemento
エレメント

---

olio essenziale
オリーオ エッセンツィアーレ

🔊【エッセンシャルオイル】

olio di jojoba
オリーオ ディ ジョジョバ

🔊【ホホバオイル】

olio d'oliva
オリーオ ドリーヴァ

🔊【オリーブオイル】

collagene
コッラジェネ

🔊【コラーゲン】

---

olio di argan
オーリオ ディ アルガン

🔊【アルガンオイル】

olio di germe di grano
オリオ ディ ジェルメ ディ グラーノ

🔊【小麦胚芽オイル】

burro shea
ブッロ シェア

🔊【シアバター】

vitamina
ヴィタミーナ

🔊【ビタミン】

LOOK

☐☐☐☐のおすすめはどれ?

Che cosa consiglia come ☐☐☐**?**
ケ コザ コンシィーリア コメ ☐☐☐ 🔊
Which ☐☐☐ do you recommend?

基本会話
見どころ
グルメ
ショッピング
エンタメ
ビューティ
ホテル
乗りもの
基本情報
単語集

ヘア・ボディケアなど
trattamento per capelli/corpo
トラッタメント ペル カペッリ/コルポ

crema per le mani
クレーマ ペル レ マーニ
ⓙ【ハンドクリーム】

sapone
サポーネ
ⓙ【石けん】

crema di corpo
クレーマ ディ コルポ
ⓙ【ボディクリーム】

bagno da gel
バンニョ ダ ジェル
ⓙ【バスジェル】

shampoo
シャンポー
ⓙ【シャンプー】

trattamento per capelli
トラッタメント ペル カペッリ
ⓙ【ヘアトリートメント】

acqua di Colonia
アックア ディ コローニア
ⓙ【オーデコロン】

supplemento
スップレメント
ⓙ【サプリメント】

balsamo
バルサモ
ⓙ【リンス】

profumo
プロフーモ
ⓙ【香水】

機能
funzione
フンツィオーネ

sbianchimento
スビアンキメント
ⓙ【美白】

ultravioletto
ウルトラヴィオレット
ⓙ【UV】

anti age
アンティ アッジェ
ⓙ【アンチエイジング】

anti rughe
アンティ ルーゲ
ⓙ【しわとり】

idratante
イドラタンテ
ⓙ【保湿】

brufolo
ブルッフォロ
ⓙ【ニキビ】

香水の新製品はどれですか?

È un profumo nuovo?
エ ウン プロフーモ ヌオーヴォ 🔊
Do you have a new perfume?

口紅のサンプルはありますか?

Avete campioni per rossetto?
アヴェーテ カンピオーニ ペル ロッセート 🔊
Do you have a sample of lipsticks?

試してみてもいいですか?

Posso provare?
ポッソ プロヴァーレ 🔊
Can I try this?

これと同じものをいただけますか?

Vorrei uno uguale a questo?
ヴォレイ ウーノ ウグアーレ ア クエスト 🔊
Can I have the same one?

市場（メルカート）で楽しくコミュニケーション

新鮮な食材や花などのお店がずらりと並ぶメルカート（mercato）は、見ているだけで
元気になれそうです。地元客に混じってぶらぶら歩きましょう。

メルカートで会話を楽しみましょう

オレンジ4コ ください。	**Vorrei 4 arance, per favore.** ヴォレイ クアットロ アランチェ ペル ファヴォーレ Four oranges, please.　　　　　　数字➡P.150
イチゴを200グラム いただけますか？	**Posso avere 200g di fragole, per favore?** ポッソ アヴェーレ ドゥエ チェント グランミ ディ フラーゴレ ペル ファヴォーレ♪ 200 grams of strawberries, please.　　数字➡P.150
このハムをひと切れ いただけますか？	**Posso avere una fetta di prosciutto, per favore?** ポッソ アヴェーレ ウナ フェッタ ディ プロシュット ペル ファヴォーレ♪ A slice of this ham, please.
このくらいの 塊をください。	**Vorrei una porzione cosi, per favore.** ヴォレイ ウナ ポルツィオーネ コジィ ペル ファヴォーレ Could I have a chunk of these?
旬の野菜［フルーツ］ はどれですか？	**Qual'è la verdura [frutta] di stagione?** クアレ ラ ヴェルドゥーラ［フルッタ］ディ スタジョーネ♪ Which vegetable[fruit] is in season now?
これは、 どこ産ですか？	**Di dov'è questo?** ディ ドヴェ クエスト♪ Where is this made?
1つだけ買うことは できますか？	**Posso comprare solo uno?** ポッソ コンプラーレ ソーロ ウノ♪ Can I buy just one of these?
日本へ持っていくように 包装していただけますか？	**Mi può imballare per portare in Giappone?** ミ プオ インバッラーレ ペル ポルターレ イン ジャポーネ♪ Could you wrap it so I can take it to Japan?
全部でいくらですか？	**Quanto costa in tutto?** クアント コスタ イン トゥット♪ How much is it in total?
1キロあたりの 値段ですか？	**È prezzo di 1 kg?** エ プレッツォ ディ ウン キログランミ♪ Is this the price for one kilogram?　　数字➡P.150

オリーブを1袋ください
Mi può dare un sacchetto
di olive, per favore?
ミ プオ ダーレ ウン サッケット
ディ オリーヴェ ペル ファヴォーレ

味見できますか？
Posso assaggiare?
ポッソ アッサジャーレ

86

基本会話

見どころ

グルメ

ショッピング

エンタメ

ビューティ

ホテル

乗りもの

基本情報

単語集

朝ごはんをメルカートで

地元流に市場で朝ごはんを楽しみましょう。パン屋さんでパンを買い、お肉屋さんでハムを買って挟んでもらえばオリジナル・サンドイッチのできあがり。

さまざまな数量のみかたはコチラです

3 euro per 1 chilo 1kgにつき3ユーロ
トゥレ エウロ ベル ウン キーロ

1.5 euro per 1 mazzo 1束1.5ユーロ
ウノ ビルゴラ チンクアンタ エウロ ベル ウン マッツォ

una bottiglia 1瓶 ウナ ボッティリア	una scatola 1箱 ウナ スカートラ	un sacco 1袋 ウン サッコ
un imballaggio 1パック ウン インバラッジョ	un barattolo 1缶 ウン バラットロ	una rete 1ネット ウナ レーテ
un cestino 1カゴ ウン チェスティーノ	un ceppo 1株 ウン チェッポ	una dozzina 1ダース ウナ ダッツィーナ

蚤の市で交渉にチャレンジ

こんにちは。

Buongiorno.
ブオンジョルノ

いらっしゃい。見ていってね。

Buongiorno. Può vedere. Si accomodi.
ブオンジョルノ プオ ヴェデーレ シ アコモディ

これは何ですか？

Cos'è questo?
コゼー クエスト♪

これはアーティチョークだよ。

Questo è un carciofo.
クエスト エ ウン カルチョーフォ

いくらですか？

Quanto costa?
クアント コスタ♪

3つ買えば5ユーロにまけるよ。

Se ne compra 3, le faccio uno sconto. Va bene 5 euro.
セ ネ コンプラ トゥレ レ ファッチョ ウノ スコント ヴァ ベーネ チンクエ エウロ

もう少し安くなりますか？

Mi può fare ancora un po' di sconto, per favore?
ミ プオ ファーレ アンコーラ ウン ポ ディ スコント ベル ファヴォーレ♪

じゃあ、2ユーロでいいよ。

Allora, 2 euro va bene.
アッローラ ドゥエ エウロ ヴァ ベーネ

イタリアデザインのグッズをおみやげに

ポップで面白いものから洗練されたシンプルなデザインのものまで。
イタリアデザインの雑貨にはイタリアらしさが詰まっています。

同じものを
2つください。

Ne vorrei
2 uguali.
ネ ヴォレイ
ドゥエ ウグアーリ

ボトルオープナー
apribottiglia
アプリボッティリア
ギザギザの歯
が蓋をしっかり
キャッチ。

ペッパーミル
pepe mulino
ペーペ ムリーノ
人気のイタリア雑貨
ブランド、アレッシィの
ペッパーミル。

ナプキンクリップ
portatovagliolo
ポルタトヴァリオーロ
ヘッドフォンの形と色
使いがオシャレ。

クリップホルダー
portaclip
ポルタクリップ
ハリネズミが磁石でク
リップをキープ。

色違いは
ありませんか？

Avete
altri colori?
アヴェーテ アルトリ
コローリ

キーフック
portachiave
ポルタキアーヴェ
イタリアらしいモチー
フがかわいい。

基本会話

見どころ

グルメ

ショッピング

エンタメ

ビューティ

ホテル

乗りもの

基本情報

単語集

直火式コーヒーメーカーの使い方

コーヒーメーカーは3つのパーツに分かれます。一番下の容器にネジのあたりまで水を入れ、中間のパーツに挽いたコーヒー豆を入れセットします。上部のパーツをしっかりしめて火にかけ、ぼこぼこ音がしてきたら出来上がりです。片付ける際は洗剤を使わず洗いましょう。

カップ&ソーサー
tazza e piattino
タッツァ エ ピアッティーノ
フルーツ柄の上品な
カップ&ソーサー。

壊れないように
包んでくださいますか？

Può imballare per
non rompersi, per
favore?

プオ インバッラーレ
ベル ノン ロンペルシ
ベル ファヴォーレ

計量カップ
bicchiere graduato
ビッキエーレ グラドゥアート
シリーズで揃えたいシンプルデザイン。

250 ML

ワインオープナー
apribottiglia per vino
アプリボッティリア ベル ヴィーノ
カラーバリエーション
豊富でオシャレ。

フォトスタンド
portafotografia
ポルタフォトグラフィーア
カラフル写真立て。3枚、
4枚用も選べる。

コーヒーメーカー
caffettiera
カフェッティエーラ
憧れの直火式は自分
用のお土産に。

全部でいくらに
なりますか？

Quanto costa
in tutto?

クアント コスタ
イン トゥット

小皿
piattino
ピアッティーノ
アクセサリー入れにし
ても◎な小皿。

スーパーマーケットでお買いもの

ポップなパッケージの食品や雑貨が並ぶスーパーは、おみやげ選びにも最適です。
地元の人々の生活を垣間見ながら、楽しくお買い物をしてみましょう。

Parmigiano Reggiano
パルミジャーノ レッジャーノ
↓
**バルミジャーノ・
レッジャーノ**

定番のパルメザンチーズは
すりおろしても塊でもOKな
万能チーズ。

pomodoro in scatola
ポモドーロ イン スカートラ
↓
瓶詰めトマト

シーチキンが入ったピリ辛ト
マトは、おつまみにもぴった
り。

shampoo
シャンポー
↓
シャンプー

写真のものはアボカドのパ
ワーが詰まったシャンプー。

pate di carciofo
パテ ディ カルチョーフォ
↓
**アーティーチョーク
のパテ**

アーティチョークのパテ。ブ
ルスケッタにのせて。

pasta di pomodoro ／
パスタ ティ ポモドーロ／
acciuga
アチューガ
↓
**トマトペースト／
アンチョビペースト**

手軽に料理の味に深みを出
せるペースト2種。

pasta forma
パスタ フォルマ
di cuore
ディ クオーレ
↓
ハート形のパスタ

おみやげに喜ばれそう。か
わいいハート形。

お役立ち単語集 WORD		マス	trota トゥロータ	バジル	basilico バジリコ
		鮭	salmone サルモーネ	アーティチョーク	carciofo カルチョーフォ
鶏肉	carne di pollo カルネ ディ ポッロ	ニンジン	carota カロータ	アボカド	avocado アヴォカド
豚肉	carne di maiale カルネ ディ マイアーレ	玉ねぎ	cipolla チポッラ	卵	uovo ウォーヴォ
牛肉	carne di vitello カルネ ディ ヴィテッロ	ジャガイモ	patata パタータ	バター	burro ブッロ
魚	pesce ペッシェ	トマト	pomodoro ポモドーロ	牛乳	latte ラッテ

スーパーで量り売りに挑戦

スーパーで野菜や果物を買う場合は、客が自分で重さを量ります。野菜や果物をビニール袋に選んで入れ、設置してある秤にのせます。商品の番号のボタンを押すと値札が発行されるので、ビニール袋に貼って、レジで会計をします。

lima per le unghe
リーマ ペル レ ウンゲ
↓
ツメやすり

かわいいツメやすりはプチギフトにも。

dado di brodo
ダード ディ ブロード
↓
野菜コンソメ

ユニークなパッケージをキッチンにお持ち帰り。

risotto di porcini
リゾット ディ ポルチーニ
↓
ポルチーニ茸のリゾット

鍋で煮るだけで完成。お手軽イタリアン。

caffè
カッフェ
↓
コーヒー

毎朝のコーヒータイムが楽しくなるパッケージ。

cioccolato
チョッコラート
↓
チョコレート

写真はイタリアみやげの大定番、バーチのチョコ。

limoncello
リモンチェッロ
↓
リモンチェッロ

お菓子作りにも使えるレモンのリキュール。

楽しくお買い物しましょう

野菜売り場はどこですか？	Dov'è il reparto di verdura? ドヴェ イル レパルト ディ ヴェルドゥーラ ♪ Where is the vegetable section?
お店のオリジナル商品はありますか？	Avete il prodotto originale di negozio? アヴェーテ イル プロドット オリジナーレ ディ ネゴッツィオ ♪ Do you have any original products?
今日は何時まで営業していますか？	Fino a che ora apre oggi? フィーノ ア ケ オラ アープレ オッジ ♪ What time do you close today?

をください。

, per favore.

ベル　ファ**ヴォ**ーレ

, please.

ファッション小物

accessori di moda
アッチェッソーリ　ディ　**モ**ーダ

cintura
チン**トゥ**ーラ

❶【ベルト】

---

occhiali
オッキ**ア**ーリ

❶【めがね】

occhiali da sole
オッキ**ア**ーリ　ダ　**ソ**ーレ

❶【サングラス】

cravatta
クラ**ヴァ**ッタ

❶【ネクタイ】

borsa
ボルサ

❶【かばん】

---

borsellino
ボルセッ**リ**ーノ

❶【ポーチ】

portafoglio
ポルタ**フォ**リオ

❶【財布】

astuccio portacarta
アストゥッチョ　ポルタカルタ

❶【カード入れ】

portamoneta
ポルタモ**ネ**ータ

❶【小銭入れ】

---

costume da bagno
コス**トゥ**ーメ　ダ　**バ**ンニョ

❶【水着】

fermacravatta
フェルマクラ**ヴァ**ッタ

❶【ネクタイピン】

gemelli
ジェ**メ**ッリ

❶【カフスボタン】

日用品・雑貨

articoli vari
アル**ティ**ーコリ　**ヴァ**ーリ

quaderno
クァ**デ**ルノ

❶【ノート】

---

laccetto per cellulare
ラッ**チェ**ット
ベル
チェル**ラ**ーレ

❶【携帯ストラップ】

borsellino per accessori
ボルセッ**リ**ーノ　ベル　アッチェ**ソ**ーリ

❶【小物入れ】

calamita
カラ**ミ**ータ

❶【マグネット】

presina
プレ**ジ**ーナ

❶【なべつかみ】

---

bottiglia di vetro
ボッ**ティ**ーリア　ディ
ヴェートロ

❶【ガラスボトルケース】

peluche
ペ**ルー**シュ

❶【ぬいぐるみ】

bambola
バンボラ

❶【人形】

piatto decorato
ピ**ア**ット　デコ**ラ**ート

❶【絵皿】

---

cartolina カルトリーナ	asciugamano piccolo per mani アッシュガマーノ ピッコロ ベル マーニ	ornamento オルナメント	libro リブロ
❶【ポストカード】	❶【ハンドタオル】	❶【オーナメント】	❶【本】

segnalibro センニャリーブロ	paralume パラルーメ	portachiavi ポルタキアーヴィ	profumo per la casa プロフーモ ベル ラ カーザ
❶【しおり】	❶【ランプシェード】	❶【キーホルダー】	❶【ルームフレグランス】

scatola con carta marmorizzata スカートラ コン カルタ マルモリザータ	porta candela ポルタ カンデーラ	食品 alimentari アリメンターリ	vino ヴィーノ
❶【マーブル紙の小箱】	❶【キャンドルスタンド】		❶【ワイン】

olio d'oliva オリーオ ドリーヴァ	aceto balsamico アチェート バルサミコ	pomodori secchi ポモドーリ セッキ	funghi porcini secchi フンギ ポルチーニ セッキ
❶【オリーブオイル】	❶【バルサミコ酢】	❶【ドライトマト】	❶【ドライポルチーニ】

pasta パスタ	salsa サルサ	acciuga アッチューガ	pesto genovese ペスト ジェノヴェーゼ
❶【乾燥パスタ】	❶【パスタソース】	❶【アンチョビ】	❶【ジェノバ風ペースト】

preparato per fare budino プレパラート ベル ファーレ ブディーノ	caffè in polvere カッフェ イン ポルヴェレ	aceto di vino アチェート ディ ヴィーノ	
			どれも おいしそうです
❶【プリンの素】	❶【インスタントコーヒー】	❶【ワインビネガー】	

93

アロマの香りを日本でも楽しみたいですね

イタリアでは香りにこだわりがある人も多いです。好みの香りを見つけたら、ぜひ持ち帰って日本での日常生活にも取り入れてみましょう。

ハーブ系
erbe
エルベ

さわやか
fresco
フレスコ

スペアミント	menta verde メンタ ヴェルデ
バジル	basilico バジリコ
ペパーミント	menta peperina メンタ ペペリーナ
ローズマリー	rosmarino ローズマリーノ

アロマの種類

数百もの種類があるアロマですが、抽出する物によりグループ分けすることができます。

スパイス系
spezie
スペッツィエ

刺激的
stimolante
スティモランテ

コリアンダー	coriandolo コリアンドロ
シナモン	cannella カンネッラ
ジンジャー	zenzero ゼンゼーロ
ローレル	alloro アローロ

フローラル系
fiori
フィオーリ

甘い
dolce
ドルチェ

カモミール	camomilla カモミッラ	ラベンダー	lavanda ラヴァンダ
ジャスミン	gelsomino ジェルソミーノ	ローズ	rosa ローザ
ゼラニウム	geranio ジェラーニオ	イランイラン	ylang ylang イランイラン

柑橘系
agrumi
アグルーミ

さっぱり
leggero
レッジェーロ

グレープフルーツ	pompelmo ポンペルモ
スイートオレンジ	arance dolci アランチェ ドルチ
ベルガモット	bergamotto ベルガモット
マンダリン	mandarino マンダリーノ
レモングラス	citoronella チトロネッラ

> **どうやって選ぶ？**
> まずは自分が好きな香りであること、さらに効能や使い方などを店員さんに相談しながら、ぴったりなものを探しましょう。

樹木系
corteccia
コルテッチア

すっきり
rinfrescare
リンフレスカーレ

サンダルウッド	sandalo サンダーロ
シダーウッド	cedro チェードロ
ティートリー	albero di tè アルベロ ディ テ
ユーカリ	eucalipto エウカリプト
ローズウッド	palissandro パリッサンドロ

イライラ	irritazione イリタツィオーネ	**便秘**	costipazione コスティパツィオーネ	**生理痛**	dolori mestruali ドローリ メストルアーリ	
ストレス	stress ストレッス	**シミ**	macchia マッキア			
集中力	concentrazione コンチェントラツィオーネ	**冷え症**	freddo フレッド			
眠気	sonnolenza ソンノレンツァ	**頭痛**	cefalea チェファレア			
疲れ目	occhio stanco オッキオ スタンコ	**ダイエット**	dieta ディエタ			

> 世界最古の薬局
> フィレンツェにある世界最古の薬局サンタ・マリア・ノヴェッラには600年も受け継がれる天然素材の商品が揃っています。「ローズウォーター」は1381年からのロングセラー。

お気に入りの香りを見つけましょう

もっとすっきりした 香りはありますか?	**Avete un profumo più fresco?** アヴェーテ ウン プロフーモ ピュー フレスコ ♪ Do you have one with more fresh scent?
これは オーガニックですか?	**Questo è biologico?** クエスト エ ビオロジコ ♪ Is it organic?
この香りにします!	**Prendo questo profumo.** プレンド クエスト プロフーモ I'll have this scent!
お店のオリジナル 商品はありますか?	**Avete il prodotto tipico del negozio?** アヴェーテ イル プロドット ティピコ デル ネゴッツィオ ♪ Do you have an original item?

アロマグッズ単語集 WORD					
		ポット	vaso ヴァーゾ	**ボトル**	bottiglia ボッティリア
		オイル	olio オーリオ	**スプレー**	spruzzatore スプルザットーレ
ディフューザー	diffusore ディフュゾーレ	**シャンプー**	shampoo シャンポー	**敏感肌**	pelle sensibile ペッレ センシービレ
キャンドル	candela カンデラ	**石けん**	sapone サポーネ	**無添加の**	senza additivi センツァ アディティヴィ
お香	incenso インチェンソ	**トリートメント**	trattamento トラッタメント	**(香りが) 上品な**	elegante エレガンテ
バスソルト	sali da bagno サリ ダ バンニョ	**詰め合わせ**	assortiment アソルティメント	**(香りが) エキゾチックな**	esotico エゾティコ

95

本場のエンターテインメントを鑑賞してみましょう

一度は本場で鑑賞してみたい、バレエやオペラなど一流の舞台芸術。
バーやクラブなど、夜を楽しめるスポットへも行ってみましょう。

予約~会場へ

ここでチケットの予約はできますか？	**Posso prenotare il biglietto qui?** ポッソ プレノターレ イル ビリエット クイ Can I make a reservation here?
オペラ [バレエ] が観たいのですが。	Vorrei vedere un'opera lirica[un balletto]. ヴォレイ ヴェデーレ ウノーペラ リリカ ウン バレット I'd like to see the opera [the ballet].
今晩、何かコンサートはありませんか？	C'è qualche concerto stasera? チェ クアルケ コンチェルト スタセーラ Are there any concerts tonight?
スカラ座では何をやっていますか？	Che cosa danno alla Scala? ケ コザ ダンノ アッラ スカーラ What is on at the Teatro alla Scala?　オペラハウス ☞ P.101
今人気のオペラは何ですか？	Quale opera è più di successo per ora? クアーレ オペラ エ ビュー ディ スッチェッソ ペル オーラ What's the most popular opera now?
当日券はありますか？	Avete il biglietto per oggi? アヴェーテ イル ビリエット ペル オッジ Do you have a walk-up ticket?
今日のプログラムは何ですか？	Quale programma danno oggi? クアーレ プログランマ ダンノ オッジ What's today's program?
一番安い [高い] 席はいくらですか？	Quanto costa un posto più economico[caro]? クアント コスタ ウン ポスト ビュー エコノーミコ [カーロ] How much is the cheapest [most expensive] seat?
大人<u>2</u>枚ください。	2 per adulti, per favore. ドゥエ ペル アドゥルティ ペル ファヴォーレ Two tickets for adult, please.　数字 ☞ P.150
別々の席でもかまいません。	Va bene anche in posti diversi. ヴァ ベーネ アンケ イン ポスティ ディヴェルシ We can sit separately.

96

基本会話

見どころ

グルメ

ショッピング

エンタメ

ビューティ

ホテル

乗りもの

基本情報

単語集

劇場でのマナー

携帯電話の電源を切るのはもちろん
のこと、開演時間に遅れると次の幕ま
で入れてもらえないので注意！

オペラ劇場の構造

天井桟敷
loggione
ロッジョーネ

いちばん安い席で、
服装にそんなに気
を遣わずに済む。

ボックス席
palco
パルコ

4〜6人の席。2列
目より後ろは見
にくいことも。

幕
sipario
スィパーリオ

Bravi!
ブラーヴィ
すばらしい！

舞台
palcoscenico
パルコシェーニコ

平土間席
platea
プラテーア

1階の中央席。値段
も高く華やか。服装
には注意したい。

オーケストラ
orchestra
オルケストラ

称賛をあらわすbravo（ブラーヴォ）は相手の性別や単数・複数によって語尾が変化し
ます。相手が男性1人の場合はbravo（ブラーヴォ）、女性1人はbrava（ブラーヴァ）、男性
複数か男女複数の場合はbravi（ブラーヴィ）、女性複数はbrave（ブラーヴェ）です。

お役立ち単語集
WORD

		ダンス	ballo バッロ		自由席	posto non prenotato ポスト ノン プレノタート
		コンサート	concerto コンチェルト		昼の部	mattinata マッティナータ
オペラ	opera lirica オペラ リリカ	チケット売り場	botteghino ボッテギーノ		夜の部	spettacolo serale スペッターコロ セラーレ
演劇	teatro テアートロ	当日券	biglietto per oggi ビリエット ペル オッジ		入口	entrata エントラータ
バレエ	balletto バッレット	指定席	posto prenotato ポスト プレノタート		出口	uscita ウッシータ

97

本場のエンターテインメントを鑑賞してみましょう

立ち見席は ありますか?	**C'è un posto in piedi?** チェ ウン ポスト イン ピエーディ Do you have a standing seat?
座席表を見せて くださいませんか?	**Mi può fare vedere la lista dei posti a sedere, per favore?** ミ プオ ファーレ ヴェデーレ ラ リスタ デイ ポスティ ア セデーレ ペル ファヴォーレ Can I see the seating plan?
開演[終演]は 何時ですか?	**A che ora inizia[finisce] lo spettacolo?** ア ケ オラ イニッツィア[フィニッシェ] ロ スペッターコロ What time does it begin[end]?
(チケットを見せながら) 席に 案内してくださいませんか?	**Mi può fare strada, per favore?** ミ プオ ファーレ ストラーダ ペル ファヴォーレ Could you take me to my seat?
クロークは ありますか?	**C'è il guardaroba?** チェ イル グアルダローバ Do you have a cloak room?
タクシーを呼んで くださいませんか?	**Mi può chiamare un taxi, per favore?** ミ プオ キアマーレ ウン タクスィ ペル フォヴォーレ Will you get me a taxi?

ジャズバーなどナイトスポットで楽しみましょう

素敵なバーを 教えてくださいませんか?	**Può consigliarmi un bar carino, per favore?** プオ コンシィリアールミ ウン バル カリーノ ペル ファヴォーレ Can you tell me a good bar?
どんな音楽が 流れていますか?	**Che tipo di musica c'è?** ケ ティーポ ディ ムージィカ チェ What kind of music is being played?
予約はしていません。	**Non ho prenotato.** ノノ プレノタート I don't have a reservation.
席はありますか?	**C'è posto?** チェ ポスト Can we get a table?

ジャズバーの過ごし方

お酒や食事を楽しみながら、生演奏を堪能できるジャズバー。週末は特に混みあうので、予約を入れてゆっくり楽しみましょう。

ショーはいつ始まりますか?	**Quando comincia lo spettacolo?** クアンド　コミンチャ　ロ　スペッターコロ When does the show start?
入場料はいくらですか?	**Qual'è il prezzo d'ingresso?** クアレ　イル　プレッツォ　ディングレッソ How much is the admission?
予約が必要ですか?	**Bisogna prenotare?** ビゾーニャ　プレノターレ Do I need a reservation?
生演奏はありますか?	**C'è uno spettacolo dal vivo?** チェ　ウノ　スペッターコロ　ダル　ヴィーヴォ Do you have live performance?
今日は混んでいますか?	**C'è tanta gente oggi?** チェ　タンタ　ジェンテ　オッジ Is it crowded today?
<u>メニュー</u>をください。	**Il menù , per favore.** イル　メヌ　ペル　ファヴォーレ Can I have a menu, please?
お代わりをお願いできますか?	**Posso averne un altro?** ポッソ　アヴェルネ　ウナールトロ Can I have another one, please?

お役立ち単語集 WORD

ナイトクラブ	night club ナイト　クラップ	ライブハウス	concerto dal vivo コンチェルト　ダル　ヴィーヴォ	ワイン	vino ヴィーノ
		キャバレー	cabaret カバレ	スパークリングワイン	prosecco プロセッコ
ディスコ	discoteca ディスコテーカ	ショーチャージ	tariffa per lo spettacolo タリッファ　ペル　ロ　スペッターコロ	カクテル	cocktail コックテル
バー	bar バル	席料	prezzo per un posto プレッツォ　ペル　ウン　ポスト	ビール	birra ビッラ
		ウィスキー	whisky ウィスキー	コーラ	coca cola コカ　コーラ

99

イタリア芸術の真髄、オペラに酔いしれましょう

オペラは、音楽・文学・美術・芸術の粋が凝縮された総合芸術と言われています。
芸術都市で本場のオペラを鑑賞してみては？

オペラって？

オペラとは、歌と管弦楽を主体とした歌劇のこと。ギリシャ演劇の模倣としてフィレンツェで始まり、17世紀初頭に初期オペラがイタリア全土に広がりました。それを今日のオペラの原型に整えたのが、クラウディオ・モンテヴェルディです。18世紀初頭には神話や故事を題材にしたオペラ・セリアと寸劇仕立てのオペラ・ブッファの流れが生まれました。その後は、ロッシーニ、ヴェルディなどの活躍で近代オペラへと洗練されました。

オペラ鑑賞の事前予習

■座席の種類

♪プラテーア（平土間）…1階中央席でいちばんよく見えて音響もいい。

♪パルコ（4〜6人がけのボックス席）…馬蹄形にやや高い位置の1階席から4階席ぐらいまである。

♪ロッジョーネ（天井桟敷）…パルコのさらに上部。

オペラグラスを持っていくといいですよ。

イタリアの夜は遅い

オペラの開演は20時以降が多い。上演時間も長いもので3時間を超えるので帰りはタクシーを使うのが安全。

おすすめのオペラハウスは？

世界最高峰のオペラ劇場
スカラ座
Teatro alla Scala

 ミラノ

ピエル・マリーニの設計で1778年に完成しました。名前の由来は、以前そこにあったスカラ教会から。併設の博物館では、衣装や劇場内部も覗くことができます。

バロック様式の建物が芸術的
オペラ座（ローマ歌劇場）
Teatro dell'Opera

ローマ

1880年にコンスタンツィ劇場の名で開場され、多くの名作オペラの初演の場となりました。1946年にローマ歌劇場と改称されました。

不死鳥の名を持つ歌劇場
フェニーチェ劇場
Teatro la Fenice

 ヴェネツィア

1792年に完成し、ヴェルディの『椿姫』『リゴレット』などの初演が行われました。1836年と1996年に火事で全焼しましたが、その名の通り再建され、よみがえっています。

ヨーロッパ最古の現役歌劇場
サン・カルロ劇場
Teatro di San Carlo

 ナポリ

1737年に建築された、イタリア三大歌劇場のひとつです。オペラが上演されない日の午前中には内部が見学できます。

■主な作品
蝶々夫人(Madama Butterfly) ／プッチーニ
魔笛(Il Flauto Magico) ／モーツァルト
カルメン(Carmen) ビゼー　　椿姫(La Traviata) ／ヴェルディ
ドン・ジョヴァンニ(Don Giovanni) ／モーツァルト
トスカ(Tosca) ／プッチーニ
フィガロの結婚(Le nozze di Figaro) ／モーツァルト
トゥーランドット(Turandot) ／プッチーニ
セビリアの理髪師(Il Barbiere di Siviglia) ／ロッシーニ
ラ・ボエーム(La Bohème) ／プッチーニ

エステで癒やしのひとときを♪

イタリアエステやスパを訪れるのも楽しみのひとつ。
ミラノやローマのお店で、洗練されたケアを受けましょう。

予約〜受付

もしもし。 __イタリアーノ__(店名)ですか？	**Pronto. È Italiano?** プロント エ イタリアーノ ♪ Hello. Is this Italiano?
予約をお願いします。	**Vorrei prenotare.** ヴォレイ プレノターレ I'd like to make an appointment.
私の名前は __スズキハナコ__です。	**Mi chiamo Hanako Suzuki.** ミ キアーモ ハナコ スズキ My name is Hanako Suzuki.
明日4時に __2__名お願いします。	**Domani, per 2 persone alle 4, per favore.** ドマーニ ベル **ドゥエ** ベルソーネ **アッレ** クアットロ ベル ファ**ヴォ**ーレ For two persons, tomorrow at four o'clock, please. 数字❹P.150
__全身マッサージ__は ありますか？	**Ci sono trattamenti massaggio corpo?** チ ソノ トラッタメンティ マッサッジョ コルポ ♪ Do you have a full-body massage service? 施術❹P.106
__全身マッサージ__を __60__分お願いします。	**Trattamento massaggio corpo per 60 minuti, per favore.** トラッタメント マッサッジョ **コルポ** ベル セッサンタ ミヌーティ ベル ファ**ヴォ**ーレ I'd like to have a full-body massage for sixty minutes. 数字❹P.150
基本コースを お願いします。	**Mi può fare il programma di base, per favore?** ミ プ**オ** **ファ**ーレ イル プログランマ ディ **バ**ーゼ ベル ファ**ヴォ**ーレ ♪ I'd like to have a basic course.
オプションでネイルも お願いします。	**Anche unghia come optional, per favore.** アンケ **ウン**ギア コメ **オ**プショナル ベル ファ**ヴォ**ーレ I'd like to have optional nail, please.
日本語を話せる人は いますか？	**C'è qualcuno che parla giapponese?** チェ クアルク**ー**ノ ケ **パ**ルラ ジャッポ**ネ**ーゼ ♪ Is there anyone who speaks Japanese?
日本語のメニューは ありますか？	**C'è il menù in giapponese?** チェ イル メ**ヌ** イン ジャッポ**ネ**ーゼ ♪ Do you have a Japanese menu?

基本会話

見どころ

グルメ

ショッピング

エンタメ

ビューティ

ホテル

乗りもの

基本情報

単語集

受付～トリートメント

料金表を 見せてください。	Mi fa vedere la tariffa, per favore? ミ ファ ヴェデーレ ラ タリッファ ペル ファヴォーレ ♪ Can I see the price list?
いくらですか?	Quanto costa? クアント コスタ ♪ How much is it?
何分かかりますか?	Quanto tempo ci vuole? クアント テンポ チ ヴォーレ ♪ How long does it take?
どんな効果が ありますか?	Quale effetto da? クアレッフェット ダ ♪ What kind of effects does it have?
女性スタッフが いいです。	Preferisco uno staff femminile. プレフェリスコ ウノ スタッフ フェミニーレ I'd like a female therapist.
同じ部屋で 受けられますか?	Possiamo farlo nella stessa stanza? ポッシアーモ ファールロ ネッラ ステッサ スタンツァ ♪ Can we have it in the same room?

キャンセル・変更はコチラ

予約を変更したいの ですが。	Vorrei cambiare la mia prenotazione. ヴォレイ カンビアーレ ラ ミア プレノタッツィオーネ I'd like to change the appointment.
予約をキャンセル したいのですが。	Vorrei cancellare. ヴォレイ カンチェラーレ I'd like to cancel the appointment.
1人行けなく なりました。	Una persona non può venire. ウナ ペルソーナ ノン プオ ヴェニーレ One of us can't go.
予約の時間に 遅れそうです。	Arriverò tardi. アリヴェロ タルディ I'll be late.

エステで癒やしのひとときを♪

ここは触らないで ください。	**Non toccare qui, per favore.** ノン トッカーレ クィ ペル ファ**ヴォ**ーレ Please don't touch here.
とても気持ちが いいです。	**Mi fa molto bene.** ミ ファ **モ**ルト ベーネ It feels very good.
痛いです。／ 強すぎます。	**Mi fa male.／È troppo forte.** ミ ファ **マ**ーレ／エ ト**ロ**ッポ **フォ**ルテ It hurts.／It's too strong.
弱く［強く］してくれ ませんか?	**Melo può fare un po' più leggero［forte］, per favore?** メロ プ**オ** **ファ**ーレ ウン ポ ビュー レッジェーロ［**フォ**ルテ］ペル ファ**ヴォ**ーレ ♪ Could you make it weaker［stronger］?
ちょうどいいです。	**Mi fa bene.** ミ ファ **ベ**ーネ It's OK.
ちょっと気分が 悪くなりました。	**Sto un po' male.** **ス**ト **ウ**ン ポ **マ**ーレ I feel a little sick.
お水を いただけませんか?	**Posso avere un po' d'acqua, per favore?** **ポ**ッソ アヴ**エ**ーレ ウン ポ **ダ**ックワ ペル ファ**ヴォ**ーレ ♪ Could I have a glass of water?

施術の前にはカウンセリングを行ないます。
カウンセリングでは、当日の体調や受けたい
コースなどの確認をします。妊娠中やアレル
ギーがある場合など、この時に伝えましょう。

最初に伝えましょう

生理中です	**Ho le mestruazioni.** オ レ メストゥルアツィオーニ
肩こりです	**Ho una spalla rigida.** オ ウナ スパッラ リージダ
妊娠して います	**Sono incinta.** ソーノ インチンタ

カウンセリング表

nome（名前）：
date di nascita（生年月日）： 　　　　．　　　．
età（年齢）：
allergia（アレルギー）： 　　　　si（有）／ no（無）
condizione（体調）： 　　buono（良好）／ male（不調）
condizone di pelle（肌質）：
problema di pelle（肌の悩み）：

アレルギー
具体的に何に反
応するのか、発
症している場合
は炎症部なども
伝えましょう。

肌質
自分の肌質を伝
えましょう。

104

基本会話

見どころ

グルメ

ショッピング

エンタメ

ビューティ

ホテル

乗りもの

基本情報

単語集

トイレを 貸してください。	**Posso andare in bagno?** ポッソ アンダーレ イン バンニョ May I use the restroom?
ロッカーは どこですか?	**Dov'è l'armadietto?** ドヴェ ラルマディエット Where is the locker?
アトピー[アレルギー] があります。	**Ho l'allergia atopica [l'allergia].** オ ラッレルジーア アトピカ[ラッレルジーア] I have an eczema [an allergy].
この香りは何ですか?	**Che cos'è questo profumo?** ケ コゼ クエスト プロフーモ What is this scent?

終わったらひとこと

2人分で いくらですか?	**Quanto costa per 2 persone?** クアント コスタ ペル ドゥエ ペルソーネ How much is it for two of us?
このクレジットカード は使えますか。	**Posso usare questa carta di credito?** ポッソ ウザーレ クエスタ カルタ ディ クレーディト Do you accept this credit card?
日本にもお店が ありますか?	**Avete dei negozi in Giappone?** アヴェーテ デイ ネゴッツィ イン ジャッポーネ Do you have a shop in Japan, too?
シャンプーを ください。	**Uno shampoo, per favore.** ウノ シャンポー ペル ファヴォーレ Could I have a shampoo?
これらの化粧品は 買えますか?	**Posso comprare questi cosmetici?** ポッソ コンプラーレ クエスティ コズメーティチ Can I buy these cosmetics?

満足したら

とても気持ちが良かったです。

È stato molto bello.
エ スタート モルト ベッロ
It was very nice.

105

LOOK

□□□□ をしたいです。 **Vorrei** □□□□ . ヴォレイ □□□□ I'd like to have □□□□ .	施術 **fare** ファーレ	**massaggio per corpo** マッサッジョ ペル コルポ ❶【全身マッサージ】

trattamento viso トラッタメント ヴィーゾ ❶【フェイシャル】	**massaggio per gambe** マッサッジョ ペル ガンベ ❶【フットマッサージ】	**pietra calda** ピエトラ カルダ ❶【ウォームストーン】	**testa massaggio** テスタ マッサッジョ ❶【ヘッドスパ】
massaggio aromatizzato マッサッジョ アロマティザート ❶【アロママッサージ】	**massaggio per mano** マッサッジョ ペル マーノ ❶【ハンドマッサージ】	**jacuzzi doccia massaggio** ヤックジー ドッチャ マッサッジョ ❶【ジェット・シャワー・マッサージ】	**massaggio per pressione idraulica** マッサッジョ ペル プレッシィオーネ イドラウリカ ❶【水圧マッサージ】
talassoterapia タラッソテラピーア ❶【タラソテラピー】	**aromaterapia** アロマテラピーア ❶【フィトセラピー】	**vinoterapia** ヴィーノテラピーア ❶【ヴィノセラピー】	**riflessologia** リフレッソロジーア ❶【リフレクソロジー】
rilassamento リラッサメント ❶【リラックス】	**palla d'erbe** パッラ デルベ ❶【ハーバルボール】	**massaggio linfa** マッサッジョ リンファ ❶【リンパマッサージ】	**massaggio con l'olio** マッサッジョ コン ローリオ ❶【オイルマッサージ】
maschera di fango マスケラ ディ ファンゴ ❶【泥パック】	**bagno di vapore** バンニョ ディ ヴァポーレ ❶【蒸気浴】	**crema detergente** クレマ デテルジェンテ ❶【クレンジング】	**detox** デトックス ❶【デトックス】

お役立ち単語集 WORD

		疲労	**stanchezza** スタンケッツァ		ロッカー	**armadietto** アルマディエット
ストレス	**stress** ストレッス	痩身	**dimagrimento** ディマグリメント		シャワー	**doccia** ドッチャ
しわ	**rughe** ルーゲ	血行	**circolazione sanguigna** チルコラツィオーネ サングイニャ		受付	**receptionist** レセプショニスト
むくみ	**gonfio** ゴンフィオ	冷え症	**avere una cattiva circolazione** アヴェーレ ウナ カッティーヴァ チルコラツィオーネ		タオル	**asciugamano** アッシュガマーノ
トイレ	**bagno** バンニョ	更衣室	**spogliatoio** スポリアトーイオ		スリッパ	**pantofole** パントフォレ
		睡眠不足	**manca di sonno** マンカ ディ ソンノ		ベッド	**letto** レット

イタリアのテルメ（温泉）で旅の疲れを癒やしましょう

日本同様、火山の多いイタリアでは各地に多くのtermeテルメ（温泉）が存在しています。
なかには古代ローマ時代からの歴史を持っている由緒正しいテルメもあります。
イタリアは知る人ぞ知る温泉天国なんです。

どこにある？

テルメの多くは都市部よりも田舎に存在していて、場合によっては
利用しにくいケースもありますが、最近ではミラノなどの都市部に
もオープンし、より気軽に利用できるようになっています。イタリ
ア全土では約200の温泉地があり、トスカーナ州のモンテカティー
ニ・テルメ、ヴェネト州のアーバノ・テルメ、ラツィオ州のフィウッ
ジやサトゥルニアなど、有名なテルメが数多くあります。

イタリアでちょっとオシャレな温泉体験を♪

せっかく旅行にきて、温泉で時間をつぶすのは…
なんて思わずにぜひ利用してみましょう。
リフレッシュできて、旅にメリハリがつきますよ。

どのように
利用する？

日本と違って、テルメは水着を着用して利用します。
日本では、温泉というと冬のイメージが強く、滞在期
間も2、3泊がふつうですが、イタリアのテルメは長期
滞在が一般的で、プール感覚なんです。数日から数
週間にわたって滞在し、医者の処方箋をもらいなが
ら療養したり、リゾートホテルの温泉プールやエステ
的施設を利用してリフレッシュしたり、食事を楽しん
だりすることができます。

単なるリラクゼーションの場だけではなく、リウマ
チ、呼吸器疾患、心臓疾患、ぜんそく、アレルギー、ス
トレスなどへの治療効果が認められているテルメも
たくさんあります。
またイタリアのテルメでよく見かける泥パックは、ミ
ネラル分が豊富で美肌効果も高く、女性にはとって
もおすすめですよ

効能は？

冬にはクローズしてしまうテルメも
あるので事前に確認を。

ホテルで快適に過ごしたいですね

充実した旅を楽しむために、ホテルでの時間も大切にしたいですね。
ホテル滞在中に、よく使われるフレーズを集めました。

ホテルへの到着が遅れそう！

| 到着が遅くなりますが、予約はキープしてください。 | Arrivo tardi ma mi tenga la camera, per favore.
アリーヴォ タルディ マ ミ テンガ ラ カーメラ ペル ファヴォーレ
I'll be late, but please keep the reservation. |

チェックインをしましょう

チェックインをお願いします。	Vorrei fare la registrazione, per favore. ヴォレイ ファーレ ラ レジストラッツィオーネ ペル ファヴォーレ Check in, please.
眺めのいい部屋をお願いします。	Vorrei una camera con un bel panorama, per favore. ヴォレイ ウナ カーメラ コン ウン ベル パノラーマ ペル ファヴォーレ I want a room with a nice view.
禁煙［喫煙］の部屋にしてください。	Vorrei una camera non fumatori[fumatori], per favore. ヴォレイ ウナ カーメラ ノン フマトーリ［フマトーリ］ペル ファヴォーレ I'd like a non-smoking[smoking] room.
予約してあります。	Ho una prenotazione. オ ウナ プレノタッツィオーネ I have a reservation.
日本語を話せる人はいますか？	C'è qualcuno che parla giapponese? チェ クアルクーノ ケ パルラ ジャッポネーゼ ♪ Is there anyone who speaks Japanese?
貴重品を預かっていただけますか？	Posso lasciare oggetti di valore? ポッソ ラッシャーレ オッジェッティ ディ ヴァローレ ♪ Could you store my valuables?
チェックアウトは何時ですか？	A che ora devo lasciare la camera? ア ケ オラ デヴォ ラッシャーレ ラ カーメラ ♪ When is the check out time?
ホテル内にどんな施設がありますか？	Quali impianti attrezzati ci sono in albergo? クアーリ インピアンティ アットレザーティ チ ソノ イン アルベルゴ ♪ What kind of facilities do you have in this hotel?

基本会話

見どころ

グルメ

ショッピング

エンタメ

ビューティ

ホテル

乗りもの

基本情報

単語集

自動販売機は
どこですか?

Dov'è il distributore?
ド**ヴェ** イル ディストリブ**トー**レ 🔊

Where is the vending machine?

近くにおいしいレスト
ランはありますか?

C'è un buon ristorante qui vicino?
チェ ウン ブオン リスト**ラ**ンテ クイ ヴィ**チー**ノ 🔊

Do you have any good restaurants near here?

ホテルは
こんなふうに
なっています

ルームサービス
servizio in camera
セル**ヴィッ**ツィオ イン **カー**メラ
客室から電話で注文を
受け、料理や飲み物を提
供するサービス。

ロビー
hall
オル
玄関やフロントの近くに
あり、待ち合わせや休憩
など、客が自由に利用で
きるスペース。

コンシェルジュ
informazioni
インフォルマッツィ**オー**ニ
宿泊客の応対係。街の
情報に精通し、客の要望
や相談に応じる。

ポーター
facchino
ファッ**キー**ノ
ホテルに到着した車か
ら、宿泊客の荷物をフロ
ントまで運ぶ。

フロント係
reception
レセプション
チェックイン・チェックア
ウトや精算、両替、メッセ
ージ等の受け渡し、貴重
品保管などを行なう。

ベルボーイ
fattorino
ファット**リー**ノ
宿泊客の荷物の運搬や
客室への案内を行なう。
ホテルによってはポータ
ーの業務も兼ねる。

クローク
guardaroba
グァルダ**ロー**バ
宿泊客の荷物を預かる。
チェックイン前やチェッ
クアウト後でも利用でき
る。

お部屋にご案内します。
La accompagno in camera.
ラッコンパーニョ イン **カー**メラ

荷物を運びます
Le porto i bagagli.
レ **ポ**ルト イ バ**ガ**ッリ

エレベーターはこちらです。
L'ascensore è qua.
ラッシェン**ソー**レ エ **ク**ア

こんにちは。
Buongiorno.
ブオン**ジョ**ルノ

ホテルで快適に過ごしたいですね

部屋での会話

シャワーの出し方をやって見せてくれませんか？	Può farmi vedere come si usa la doccia? プオ ファルミ ヴェデーレ コメ スィ ウーザ ラ ドッチャ Could you show me how to use this shower?
サトウさま、入ってもよろしいですか？	Signora Sato, posso entrare? シニョーラ サート ポッソ エントラーレ Ms. Sato, may I come in?

入ってください。	ちょっと待ってください。
Si, prego. スィ プレーゴ Come in.	Solo un attimo. ソーロ ウナッティモ Just a moment, please.

415号室ですが。	Questa è la camera 415. クエスタ エ ラ カーメラ クアットロチェントクィンディチ This is Room 415. 数字 P.150
明日6時にモーニングコールをお願いします。	Vorrei la sveglia alle 6 di domattina, per favore. ヴォレイ ラ ズヴェリア アッレ セイ ディ ドマッティーナ ペル ファヴォーレ Please wake me up at six tomorrow morning. 数字 P.150
かしこまりました。	Si, d'accordo. シー ダッコルド All right.
新しいタオルを持ってきてください。	Mi porti un asciugamano nuovo, per favore. ミ ポルティ ウナシュガマーノ ヌォーヴォ ペル ファヴォーレ Please bring me a new towel.
できるだけ早くお願いします。	Il più presto possibile, per favore. イル ピュー プレスト ポッシィービレ ペル ファヴォーレ As soon as possible, please.
ルームサービスをお願いします。	Il servizio in camera, per favore. イル セルヴィッツィオ イン カーメラ ペル ファヴォーレ Room service, please.
コーヒーをお願いします。	Un caffè, per favore. ウン カッフェ ペル ファヴォーレ I'd like a cup of coffee, please.
氷と水を持ってきてください。	Un po' di ghiaccio e l'acqua, per favore. ウン ポ ディ ギアッチョ エ ラックワ ペル ファヴォーレ Please bring me some ice cubes and water.

ホテルマナーを知っておきましょう

1 チェックインからチェックアウトまで
到着が遅れる時や外出して夜遅くに戻る場合は必ず事前に連絡を。

2 服装
ホテルは公共の場。スリッパやパジャマで部屋の外に出ないこと。

3 貴重品管理は自己責任
貴重品は持ち歩くかセイフティ・ボックスまたはフロントに預ける。

4 チップについて
ホテル内でサービスを受けた際のチップは1ユーロが目安。

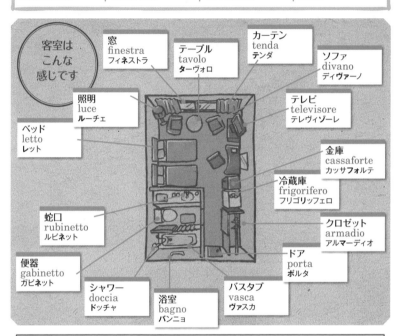

客室はこんな感じです

窓 finestra フィネストラ

テーブル tavolo ターヴォロ

カーテン tenda テンダ

ソファ divano ディヴァーノ

照明 luce ルーチェ

テレビ televisore テレヴィゾーレ

ベッド letto レット

金庫 cassaforte カッサフォルテ

冷蔵庫 frigorifero フリゴリッフェロ

蛇口 rubinetto ルビネット

クロゼット armadio アルマーディオ

便器 gabinetto ガビネット

ドア porta ポルタ

シャワー doccia ドッチャ

浴室 bagno バンニョ

バスタブ vasca ヴァスカ

すぐに使えるトラブルフレーズ

シャワーが壊れています。
La doccia non funziona.
ラ ドッチャ ノン フンツィオーナ

部屋を変えてください。
Vorrei cambiare camera.
ヴォレイ カンビアーレ カーメラ

お湯が出ません。
Non c'è l'acqua calda.
ノン チェ ラックワ カルダ

トイレが流れません。
Lo scarico del gabinetto non funziona.
ロ スカーリコ デル ガビネット ノン フンツィオーナ

電気がつきません。
La luce non si accende.
ラ ルーチェ ノン シ アッチェンデ

締め出されてしまいました。
Ho lasciato la chiave in camera.
オ ラッシャート ラ キアーヴェ イン カーメラ

すぐだれかをよこしてくださいませんか?
Può mandare qualcuno subito, per favore?
プオ マンダーレ クアルクーノ スービト ペル ファヴォーレ ➋

ホテルで快適に過ごしたいですね

ホテルの施設・サービス

両替をしたいのですが。	**Vorrei cambiare i soldi.** ヴォレイ カンビアーレ イ ソルディ I'd like to exchange money.	
ダイニングルームはどこですか?	**Dov'è la sala da pranzo?** ドヴェ ラ サーラ ダ プランツォ ♪ Where is the dining room?	
何時までやっていますか?	**A che ora finise?** ア ケ オラ フィニッシェ ♪ What time does it close?	
予約は必要ですか?	**Bisogna prenotare?** ビゾーニャ プレノターレ ♪ Do I need a reservation?	
朝食がとれるカフェテリアはありますか?	**C'è un bar per fare colazione?** チェ ウン バル ペル ファーレ コラッツィオーネ ♪ Is there a cafeteria for breakfast?	
この荷物をしばらく預かってもらえますか?	**Posso lasciare questo bagaglio per un po', per favore?** ポッソ ラッシャーレ クエスト バガーリオ ペル ウン ポ ペル ファヴォーレ ♪ Could you store this baggage for a while?	
この手紙を航空便でお願いします。	**Può spedire questa lettera per via aerea, per favore.** プオ スペディーレ クエスタ レッテラ ペル ヴィア アエーレア ペル ファヴォーレ Please send this letter by air mail.	
日本にファックスを送りたいのですが。	**Vorrei mandare un fax in Giappone.** ヴォレイ マンダーレ ウン ファックス イン ジャッポーネ I'd like to send a fax to Japan.	
インターネットは利用できますか?	**Posso collegarmi ad internet?** ポッソ コッレガルミ アッド インテルネット ♪ Can I access the Internet in this hotel? インターネット⊙P.138	
料金を教えてください。	**Mi può dire il prezzo, per favore.** ミ プオ ディーレ イル プレッツォ ペル ファヴォーレ How much does it cost?	
部屋でWiFiは使えますか?	**Posso usare WiFi in camera?** ポッソ ウザーレ ワイファイ イン カーメラ ♪ Can I use WiFi in the room?	

セイフティ・ボックスの使い方を教えてくれませんか?	Può spiegarmi come si usa la cassaforte, per favore? プオ スピエガルミ コメ スィ ウーザ ラ カッサフォルテ ペル ファヴォーレ 🔊 Could you tell me how to use the safety deposit box?
コンセントはどこですか?	Dov'è la presa di corrente? ドヴェ ラ プレーザ ディ コッレンテ 🔊 Could you tell me where the outlet is?
私あてにメッセージが届いていませんか?	C'è qualche messaggio per me? チェ クアルケ メッサッジョ ペル メ 🔊 Are there any messages for me?
タクシーを呼んでください。	Può chiamarmi un taxi, per favore. プオ キアマールミ ウン タクシー ペル ファヴォーレ Please get me a taxi.
このホテルの住所がわかるカードが欲しいのですが。	Posso avere un biglietto con l'indirizzo di questo albergo? ポッソ アヴェーレ ウン ビリエット コン リンディリッツォ ディ クエスト アルベルゴ 🔊 Could I have a card with the hotel's address?
空港行きのバスはありますか?	C'è l'autobus per andare all'aeroporto? チェ ラウトブス ペル アンダーレ アッラエロポルト 🔊 Is there a bus that goes to the airport?
ドライヤーを貸してもらえませんか?	Posso usare un asciugacapelli? ポッソ ウザーレ ウン アッシュガカペッリ 🔊 Can I use the dryer?
レストランの予約をしたいのですが。	Vorrei prenotare un ristorante. ヴォレイ プレノターレ ウン リストランテ I'd like to reserve a restaurant.
気分が悪いです。	Mi sento male. ミ セント マーレ I feel sick.
医者を呼んでいただけますか?	Mi può chiamare un medico, per favore? ミ プオ キアマーレ ウン メディコ ペル ファヴォーレ 🔊 Call a doctor, please.
隣の部屋がうるさいです。	La camera vicina è rumorosa. ラ カーメラ ヴィチーナ エ ルモローザ It is noisy next door.
駐車場を使いたいのですが。	Posso usare parcheggio? ポッソ ウザーレ パルケッジョ 🔊 I'd like to use the parking.

ホテルで快適に過ごしたいですね

ホテルでの朝食

部屋で朝食は取れますか?	**Posso fare colazione in camera?** ポッソ ファーレ コラッツィオーネ イン カーメラ 🔊 Can we eat breakfast in the room?
朝8時に持ってきていただけますか?	**Mi può portare alle 8 di mattina, per favore?** ミ プオ ポルターレ アッレ オット ディ マッティーナ ペル ファヴォーレ 🔊 Please bring it at eight in the morning. 数字☞P.150
パンとコーヒーをお願いします。	**Pane e un caffè, per favore.** パーネ エ ウン カッフェ ペル ファヴォーレ I'd like some bread and coffee, please.
朝食はブッフェスタイルですか?	**La colazione è al buffe?** ラ コラッツィオーネ エ アル ブッフェ 🔊 Is breakfast a buffet style?
朝食は何時からですか?	**Da che ora si fa colazione?** ダ ケ オラ スィ ファ コラッツィオーネ 🔊 What time does breakfast start?

チェックアウト

チェックアウトをお願いします。	**Lascio la camera. Il conto, per favore.** ラッショ ラ カーメラ イル コント ペル ファヴォーレ I'd like to check out, please.
<u>415号室</u>の<u>サトウ</u>です。	**Mi chiamo Sato, la mia camera è 415.** ミ キアーモ サトー ラ ミア カーメラ エ クアットロチェントクィンディチ It's Sato in Room 415. 数字☞P.150
精算書が間違っています。	**Mi sembra che ci sia un errore nel conto.** ミ センブラ ケ チ シーア ウネローレ ネル コント I think there is a mistake in this bill.
ルームサービスは使っていません。	**Non ho ordinato il servizio in camera.** ノ オルディナート イル セルヴィッツィオ イン カーメラ I didn't order room service.
国際電話はかけていません。	**Non ho usato un telefono internazionale.** ノ ウザート ウン テレーフォノ インテルナツィオナーレ I didn't make any international phone calls.

ミニバーからジュースを1本飲みました。

Ho preso un succo da minibar.
オ プレーゾ ウン スッコ ダ ミニバール
I had a bottle of juice from the mini bar.

飲み物 ➡ P.47

預かってもらった貴重品をお願いします。

Vorrei ritirare oggetti di valore dati in custodia.
ヴォレイ リティラーレ オジェッティ ディ ヴァローレ ダーティ イン クストーディア
I'd like my valuables back.

部屋に忘れ物をしました。

Ho lasciato qualcosa in camera.
オ ラッシャート クアルコーザ イン カーメラ
I left something in my room.

クレジットカードで支払いたいのですが。

Vorrei pagare con la carta di credito.
ヴォレイ パガーレ コン ラ カルタ ディ クレーディト
I'd like to pay by credit card.

このクレジットカードは使えますか？

Posso usare questa carta di credito?
ポッソ ウザーレ クエスタ カルタ ディ クレーディト ➡
Do you accept this credit card?

現金で支払います。

Pago in contanti.
パーゴ イン コンタンティ
I'd like to pay by cash.

滞在を延ばしたいのですが。

Vorrei stare un'altra notte.
ヴォレイ スターレ ウナルトラ ノッテ
I'd like to extend my stay.

満足したらコレ

ありがとう。とても楽しく過ごせました。

Grazie. È stato bello stare qua.
グラッツィエ エ スタート ベッロ スターレ クア
Thank you. I really enjoyed my stay.

お役立ち単語集 WORD

枕	cuscino クシーノ
シーツ	lenzuolo レンツゥオーロ
毛布	coperta コペルタ
バスタオル	asciugamano アッシュガマーノ
トイレットペーパー	carta igienica カルタ イジェーニカ
ハンガー	gruccia グルッチャ
スリッパ	pantofole パントフォレ
グラス	bicchiere ビッキエーレ
灰皿	posacenere ポザチェーネレ
室料	prezzo della camera プレッツォ デッラ カーメラ
飲食代	prezzo del ristorante プレッツォ デル リストランテ
市内通話	telefonata urbana テレフォナータ ウルバーナ
合計	totale トターレ
税金	tassa タッサ
精算書	distinta ディスティンタ
領収書	ricevuta リチェヴータ

入国審査に必要な会話はこんな感じです | **空港** aeroporto アエロポルト

**現地の空港に到着したら、まずは入国審査へ進みます。
パスポートなど、必要なものを準備しましょう。**

入国審査では？
14歳以上の日本人は、eGate(電子ゲート)を利用できます。端末でパスポートをスキャンして、顔写真の撮影と指紋の採取をすれば審査完了。eGateを利用できない場合は、非EU圏在住者用(Tutti i Passaporti)のブースに並んで審査を受けましょう。

ETIAS(エティアス)って？
イタリアを含む欧州27カ国への入国に必要な電子渡航認証システム。事前にオンラインで申請します。2024年から導入される予定です。

EUシェンゲン協定実施国を経由した場合は、イタリアでの出入国審査はありません。

パスポートを見せていただけますか？

Mi fa vedere il suo passaporto?
ミ ファ ヴェデーレ イル スオ パッサポルト 🔊
May I see your passport, please?

旅行の目的は何ですか？

Qual'è il motivo della sua visita?
クアレ イル モティーヴォ デッラ スア ヴィジィタ 🔊
What's the purpose of your visit?

観光です。／仕事です。

Sono turista. / Per lavoro.
ソノ トゥリスタ／ペル ラヴォーロ
Sightseeing. / Business.

何日間滞在しますか？

Quanto tempo sta?
クアント テンポ スタ 🔊
How long are you going to stay?

10日ほどです。

Per 10 giorni.
ペル ディエチ ジョルニ
About ten days.   数字 ☞ P.150

どこに滞在しますか？

Dove sta?
ドヴェ スタ 🔊
Where are you staying?

プラザホテルです。／友達の家です。

Al Plaza Hotel. / A casa di un amico.
アル プラーザ オテル／ア カーザ ディ ウン アミーコ
Plaza Hotel. / My friend's house.

基本会話

見どころ

グルメ

ショッピング

エンタメ

ビューティ

ホテル

乗りもの

基本情報

単語集

イタリアでの入国手続きの流れ

1 到着	2 入国審査	3 荷物の受け取り	4 税関	5 到着ロビー
空港に到着。案内に従い入国審査へ進む。	eGate（電子ゲート）や外国人（EU以外）用ブースへ並び、審査を受ける。	航空会社、便名を確認し、機内に預けた荷物を受け取る。	荷物を持って税関へ。申告するものがなければ緑のゲート、申告が必要な場合は赤いゲートへ進み、手続きをする。	税関を抜けてゲートをくぐると到着ロビーに。

乗り継ぎの場合は

ローマ行きのゲートはどこですか?

Dov'è l'uscita per Roma?

ドヴェ ルシータ ペル ローマ 🔊

Where is the gate for Rome?

荷物が見つからないときは?

預けた荷物が出てこなかったら、航空券とクレームタグをもって、航空会社のスタッフや「Lost & Found」カウンターに相談しましょう。すぐに見つからない場合は、荷物の特徴や連絡先を伝えて手続きをします。荷物の受け取り方法や、補償についても確認しておくと安心です。

私のスーツケースがまだ出てきません。

Non ci sono le mie valigie ancora.

ノン チ ソノ レ ミエ ヴァリージェ アンコーラ

My suitcase hasn't arrived yet.

見つかりしだい、ホテルに届けてください。

Per favore, consegnatemela in hotel appena la travate

ペル ファヴォーレ コンセニャーテメラ イン オテル アッペーナ ラ トロヴァーテ

Please deliver it to my hotel as soon as you've located it.

スーツケースが破損しています。

Si è rotta la valigia.

スィ エ ロッタ ラ ヴァリージャ

My suitcase is damaged.

税関で荷物について聞かれることも。

友人へのプレゼントです。／私の身の回り品です。

È il regalo per un' amica. ／ Sono le mie cose.

エ イル レガーロ ペル ウナミーカ／ソノ レ ミエ コーゼ

It's a gift for my friend. ／ It's my personal belongings.

		荷物受け取り	ritiro bagagli リティーロ バガッリ	手荷物引換証	etichetta del bagaglio エティケッタ デル バガッリオ
到着	arrivo アリーヴォ	税関	dogana ドガーナ	検疫	quarantena クアランテーナ
		免税	esenzione エセンツィオーネ	入国審査	controllo passaporti コントロッロ パッサポルティ
出発	partenza パルテンツァ	課税	tassazione タッサツィオーネ	到着ロビー	arrivo hall アリーヴォ ホール

機内でより快適に過ごすために

機内 in volo
イン　ヴォーロ

ここでは飛行機内での会話例を挙げてみます。
旅先の会話に備えて、機内から外国人の乗務員さんに話しかけてみましょう。

機内で

困ったことがあれば乗務員さんにたずねましょう。座席を倒すときは、後ろの人に声をかけるとスマート。食事や離着陸時は元に戻します。シートベルト着用サイン点灯中は、席を立たないように。

ここは私の席です。

Penso che lei sia al mio posto.
ペンソ　ケ　レイ　スィア　アル　ミオ　ポスト
I think you are in my seat.

ナポリへ乗り継ぎの予定です。

Devo fare scalo a Napoli.
デヴォ　ファーレ　スカーロ　ア　ナーポリ
I'll connect to another flight to Naples.

気分が悪いのですが。

Mi sento male.
ミ　セント　マーレ
I feel sick.

モニターが壊れています。

Si è rotto lo schermo.
シ　エ　ロット　ロ　スケールモ
The monitor is not working.

荷物をここにおいてもいいですか？

Posso mettere la mia valigia qui?
ポッソ　メッテレ　ラ　ミア　ヴァリージャ　クイ🔊
Can I put my baggage here?

座席を倒してもいいですか？

Posso regolare il sedile?
ポッソ　レゴラーレ　イル　セディーレ🔊
Can I recline my seat?

トイレはどこですか？

Dov'è il bagno?
ドヴェ　イル　バンニョ🔊
Where's the restroom?

上空では気圧の関係でアルコールがまわりやすいのでお酒はひかえめに！

機内アナウンスがわかります！

シートベルトを着用してください。

Si prega di indossare la cintura di sicurezza.
スィ プレーガ ディ インドッサーレ ラ チントゥーラ ディ シクレッツァ
Please fasten your seat belts.

座席に戻ってください。

Si prega di andare a sedersi al proprio posto.
スィ プレーガ ディ アンダーレ ア セデルシ アル プロプリオ ポスト
Please get back to your seat.

座席を元の位置に戻してください。

Si prega di tornare alla posizione originale.
スィ プレーガ ディ トルナーレ アッラ ポズィツィオーネ オリジナーレ
Please put your seat back to its original position.

テーブルを元の位置に戻してください。

Si prega di portare il tavolino nella sua posizione originale.
スィ プレーガ ディ ポルターレ イル タヴォリーノ ネッラ スア ポズィツィオーネ オリジナーレ
Please put your table back to its original position.

すみません。
Scusi.
スクーズィ

枕とブランケットをください。

Un cuscino e una coperta, per favore.
ウン クシーノ エ ウナ コペルタ ペル ファヴォーレ
Could I have a pillow and a blanket?

何か頼みたいときは？

座席にある呼び出しボタンで乗務員さんを呼びましょう。シートベルト装着のランプが点灯していないときなら、運動がてら席を立って自分から頼みに行くのもよいです。

エコノミー症候群予防のため、機内では水分補給＆たまに足を動かすことを心がけましょう。

寒い［暑い］です。

Ho freddo [caldo].
オ フレッド ［カルド］
I feel cold [hot].

オレンジジュース［ビール］をください。

Un succo d'arancia [una birra], per favore.
ウン スッコ ダランチャ ［ウナ ビッラ］ ペル ファヴォーレ
Orange juice [Beer], please.

食事になっても起こさないでください。

Non chiamarmi all'ora dei pasti.
ノン キアマールミ アローラ デイ パスティ
Don't wake me up for the meal service.

（トレイ、コップなどを）下げてもらえますか？

Può togliere, per favore?
プオ トリエレ ペル ファヴォーレ
Could you take this away?

お役立ち単語集 WORD					
窓側席	posto vicino alla finestrino ポスト ヴィチーノ アッラ フィネストリーノ	時差	differenza di fuso orario ディフェレンツァ ディ フーゾ オラーリオ
		通路側席	posto vicino al corridoio ポスト ヴィチーノ アル コッリドイオ	吐き気	nausea ナーウゼア
使用中	occupato オクパート	座席番号	numero del posto ヌメロ デル ポスト	非常口	uscita di emergenza ウシータ ディ エメルジェンツァ
空き	libero リーベロ	現地時間	ora locale オーラ ロカーレ	嘔吐袋	sacco igienico サッコ イジェーニコ

いよいよ帰国です **空港** aeroporto
アエロポルト

出発の2〜3時間前からチェックインができるので、余裕をもって空港に向かいましょう。
現地の人と会話できるのもこれで最後。思う存分話しましょう！

チェックイン

利用する航空会社のカウンターや、自動チェックイン機で、搭乗手続きをします。フライトによっては、オンライン手続きも可能です。

ITA エアウェイズのカウンターはどこですか。

Dov'è il banco di ITA Airways?
ドヴェ イル バンコ ディ アイティーアー エアウェイズ 🔊
Where is the ITA Airways counter?

チェックインをお願いします。

Vorrei fare check-in.
ヴォレイ ファーレ チェックイン
Check in, please.

飛行機の予約を再確認したいのですが。

Vorrei riconfermare la mia prenotazione.
ヴォレイ リコンフェルマーレ ラ ミア プレノタッツィオーネ
I'd like to reconfirm my flight.

名前はタナカヤスコです。

Mi chiamo Yasuko Tanaka .
ミ キアーモ ヤスコ タナカ
My name is Yasuko Tanaka.

8月15日の AZ053便、成田行きです。

Il volo è AZ053 per Narita. Il giorno, 15 agosto.
イル ヴォーロ エ アズェータ ゼロチンクエトゥレ ペル ナリタ イル ジョルノ クインディチ アゴスト
My flight number is AZ053 for Narita on August 15th.

急いでいるとき

申し訳ありません。出発まで時間がありません！

Mi dispiace, non c'è tempo per partire!
ミ ディスピアーチェ ノン チェ テンポ ペル パルティーレ
I'm sorry. My flight is leaving shortly!

窓側［通路側］の席にしてください。

Vorrei un posto vicino al finestrino[corridoio], per favore.
ヴォレイ ウン ポスト ヴィチーノ アル フィネストリーノ［コッリドイオ］ペル ファヴォーレ
Window[Aisle] seat, please.

120

基本会話

見どころ

グルメ

ショッピング

エンタメ

ビューティ

ホテル

乗りもの

基本情報

単語集

出国手続きの流れ

1 チェックイン
航空会社のカウンターや自動チェックイン機で搭乗手続きをして、大きな荷物を預ける。

2 免税手続き
旅行中の買い物のVAT払い戻しを申請する場合は、免税書類や購入品、パスポートを用意して、税関(DOGANA)、または手続き代行会社の窓口や端末で手続きをする。手順は、空港や帰国ルート、購入品の持ち出し方法によっても異なるので確認を。

3 セキュリティチェック
手荷物検査とボディチェックを受ける。液体類や刃物などの持ち込みは制限されている。

4 出国審査
eGate(電子ゲート)や出国審査ブースでパスポートチェック。終わったら出発ロビーへ。

他の便に振り替えできますか?

Posso cambiare il volo?
ポッソ カンビアーレ イル ヴォーロ🔊
Can I change the flight?

10番の搭乗ゲートはどこですか。

Dov'è l'uscita numero 10?
ドヴェ ルッシータ ヌメロ ディエチ🔊
Where is the gate 10?

数字☞P.150

この便は定刻に出発しますか。

Questo volo parte puntualmente?
クエスト ヴォーロ パルテ プントゥアルメンテ🔊
Will this flight leave on schedule?

どれくらい遅れますか。

Quanto ritardo porta?
クアント リタルド ポルタ🔊
How long will it be delayed?

荷物を預ける
液体類や刃物などの持ち込みは制限されているので、預ける荷物に入れましょう。モバイルバッテリーやライターなど、預けられないものもあるので確認を。

割れ物が入っています。

C'è qualcosa di fragile.
チェ クアルコーザ ディ フラージレ
I have a fragile item.

荷物に割れ物が入っている場合は係員に伝えましょう。

これは機内に持ち込む手荷物です。

Questo è a mano.
クエスト エ ア マーノ
This is a carry-on luggage.

無事
飛行機に
乗れました～!

荷物を出してもよいですか?

Posso prendere la valigia?
ポッソ プレンデレ ラ ヴァリージァ🔊
Can I take out the luggage?

121

空港〜市内へ移動　鉄道 ferrovia フェッロヴィーア　バス autobus アウトブス　タクシー taxi タクシー

到着後は移動方法にもとまどってしまいますが、分からなければ勇気を出して
人に聞いてみましょう。スムーズに移動できれば旅の疲れも軽減できます。

鉄道を利用
ローマ

フィウミチーノ空港(レオナルド・ダ・ヴィンチ空港)から市内へは、空港駅とテルミニ駅を直通で結ぶレオナルド・エクスプレスがあります。

カートを探しています。

Cerco un carrello.
チェルコ　ウン　カッレッロ
Where are the baggage carts?

チケットはどこで買えますか。

Dove posso comprare il biglietto?
ドヴェ　ポッソ　コンプラーレ　イル　ビリエット 🔊
Where can I buy the ticket?

ミラノ

マルペンサ国際空港からは、空港駅とミラノ・カドルナ駅を直通で結ぶマルペンサ・エクスプレスがあります。

大人1枚ください。

Un biglietto per adulto, per favore.
ウン　ビリエット　ベル　アドゥルト　ベル　ファヴォーレ
One adult, please.　　　　　　　　　　　数字☞P.150

レオナルド・エクスプレスの乗り場はどこですか。

Dov'è la fermata del Leonardo Express?
ドヴェ　ラ　フェルマータ　デル　レオナルド　エクスプレス 🔊
Where is the station of the Leonardo Express?

バスを利用
ローマ

フィウミチーノ空港からテルミニ駅などへ行くシャトルバスが運行しています。また鉄道やシャトルバスが動いていない深夜に運行する夜間バスもあります。

市内へ行くバスはありますか?

C'è un autobus per andare in citta'?
チェ　ウナウトブス　ベル　アンダーレ　イン　チッタ 🔊
Is there an airport bus to the city?

ミラノ

マルペンサ国際空港とリナーテ空港からは、国際列車も発着するミラノ中央駅との間を運行するシャトルバスが出ています。

パレスホテルへ行くバスにはどこで乗れますか?

Dove posso prendere un autobus per Palace Hotel?
ドヴェ　ポッソ　プレンデレ　ウナウトブス　ベル　パラッチェ　オテル 🔊
Where can I get the bus survice for the Palace Hotel?

何分おきに出ていますか?

Ogni quanti minuti c'è?
オッニ　クアンティ　ミヌーティ　チェ 🔊
How often does it run?

マルベンサ空港からの乗り継ぎがリナーテ空港発になる場合があります。移動はシャトルバスかタクシーで。

このバスは<u>リナーテ</u>空港に行きますか？

Questo autobus va all'aeroporto di Linate?
クエスト　**ア**ウトブス　ヴァ　アッラ**エ**ロポルト　ディ　**リ**ナーテ 🔊

Does this bus go to Linate Airport?

次のバスは何分後ですか？

Quanti minuti dopo c'è il prossimo autobus?
ク**ア**ンティ　ミ**ヌ**ーティ　ド**ー**ポ　チェ　イル　プ**ロ**ッシモ　**ア**ウトブス 🔊

What time does the next bus leave?

タクシーを利用

タクシー乗り場はどこですか？

Da dove posso prendere un taxi?
ダ　ド**ヴ**ェ　**ポ**ッソ　プ**レ**ンデレ　ウン　**タ**クシー 🔊

Where is the taxi stand?

TAXI表示のあるタクシー乗り場から、正規のタクシーに乗りましょう。

このホテルまでタクシー代はいくらくらいですか？

Quanto costa fino a questo albergo con il taxi?
ク**ア**ント　**コ**スタ　**フ**ィノ　ア　ク**エ**スト　アル**ベ**ルゴ　コン　イル　**タ**クシー 🔊

How much does it cost to this hotel by taxi?

（運転手に）<u>パレスホテル</u>で降りたいです。

Vorrei scendere al Palace Hotel.
ヴォ**レ**イ　**シ**ェンデレ　**ア**ル　バ**ラ**ッチェ　**オ**テル

I want to get off at Palace Hotel.

無事到着しましたー！

（運転手に）スーツケースを降ろしていただけますか？

Può scendere la valigia, per favore?
プ**オ**　**シ**ェンデレ　ラ　ヴァ**リ**ージャ　ベル　ファ**ヴォ**ーレ 🔊

Could you unload my suitcase from the trunk?

お役立ち単語集 WORD

マルベンサ・エクスプレス	Malpensa Express マルベンサ　**エ**クスプレス	シャトルバス	shuttle bus シャトル　ブス
レオナルド・エクスプレス	Leonardo Express レオ**ナ**ルド　エクスプレス	夜間バス	autobus notturno **ア**ウトブス　ノット**ゥ**ルノ

乗りものに乗って移動 | 地下鉄 metropolitana メトロポリターナ

ローマやミラノなどの都市部には地下鉄が走っており、
観光スポットを効率よくめぐるのに便利です。

乗り場を探そう
地下鉄の表示は
Metropolitanaの「M」が赤い
看板に白い文字で書かれてい
ます。

地下鉄の入口はコチラ

入口階段の付近に看
板があり分かりやす
い。

自動券売機

壊れていたりおつりが
出ない場合があるの
で注意。

**乗る前に
注意することは**
車両には終着駅が表示してあ
るので方向や路線が正しいか
を確認しましょう。ドアは自動
の場合と、ドアの横にある開
閉ボタンを押す場合とがあり
ます。

スリが多いので
要注意！

きっぷ売り場はどこですか？

Dov'è la biglietteria?
ドヴェ ラ ビリエッテリーア 🔊
Where is the ticket office?

回数券 [1日券] が欲しいのですが。

Vorrei un blocchetto di biglietti[un biglietto].
ヴォレイ ウン ブロケット ディ ビリエッティ [ウン ビリエット]
I'd like to have a carnet[day ticekt].

時刻表を見せてください。

Mi fa vedere l'orario, per favore.
ミ ファ ヴェデーレ ロラーリオ ペル ファヴォーレ
Can I see a schedule?

地下鉄の路線図をいただけますか？

C'è una cartina della metropolitana?
チェ ウナ カルティーナ デッラ メトロポリターナ 🔊
Can I have a subway map?

いちばん近い地下鉄の駅はどこですか？

Dov'è la stazione della metropolitana più vicina?
ドヴェ ラ スタッツィオーネ デッラ メトロポリターナ ピュー ヴィチーナ 🔊
Where is the nearest subway station?

コロッセオに行くには、どの駅で降りればいいですか？

A quale stazione devo scendere per andare al Colosseo?
ア クアーレ スタッツィオーネ デヴォ シェンデレ ペル アンダーレ アル コロッセオ 🔊
What station do I have to get off to go to the Colosseo?

何分かかりますか？

Quanti minuti ci vogliono?
クアンティ ミヌーティ チ ヴォリオノ 🔊
How much time does it take?

124

地下鉄の乗り方は？

1 チケットを買う
キオスク、タバコ屋などでも購入可能。タッチ決済で乗れる場合も。→

2 改札を通る
自動改札と、チケットを挿入後、バーを回転させるタイプが混在。→

3 乗車
複数の路線が乗り入れる駅では乗り間違えに注意。→

4 下車
USCITA（出口）の表示に従い進む。改札を出る時はチケットを通す必要がない。

降りるときは？
車内アナウンスは分かりにくいので、いくつ目の駅で降りるかを確認しておきましょう。

乗り換えは必要ですか？

Bisogna cambiare il treno?
ビゾーニャ カンビアーレ イル トレーノ 🔊
Do I have to transfer?

コロッセオへ行くには、どの路線に乗ればいいですか？

Quale linee devo prendere per andare al Colosseo?
クアーレ リーネエ デヴォ プレンデレ ペル アンダーレ アル コロッセオ 🔊
Which line do I have to take to go to the Colosseo?

次は何駅ですか？

Dov'è la prossima stazione?
ドヴェ ラ プロッシマ スタッツィオーネ 🔊
What is the next stop?

終電は何時ですか？

Che ora è l'ultimo treno?
ケ オラ エ ルルティモ トレーノ 🔊
What time does the last train leave?

無事地下鉄に乗れました～！

お役立ち単語集 WORD			
	おつり	resto レスト	所要時間 tempo necessario テンポ ネチェッサーリオ
きっぷ biglietto ビリエット	改札	controllo biglietti コントロッロ ビリエッティ	駅員 ferroviere フェッロヴィエレ
回数券 blocchetto di biglietti ブロケット ディ ビリエッティ	ホーム	binario ビナリオ	車掌 conduttore コンドゥットーレ
きっぷ売り場 biglietteria ビリエッテリーア	案内板	asse di informazioni アッセ ディ インフォルマツィオーニ	乗り換え cambio カンビオ
自動発券機 distributore ディストリブトーレ	路線図	mappa delle linee マッパ デッレ リーネエ	入口 entrata エントラータ
	時刻表	orario オラーリオ	出口 uscita ウッシータ

125

乗りものに乗って移動　　鉄道 ferrovia
フェッロヴィーア

イタリアはほぼ全土に鉄道網が敷かれているので、どこに行くにも便利。
列車ならではの旅の風景を楽しみましょう。

チケットを買おう

駅の窓口や券売機で購入できます。トレニタリア(旧イタリア国鉄)公式サイトからの予約も便利です。日本の旅行代理店などに手配してもらうことも可能です。

切符の見方

往復チケットの場合ここにも出発駅・到着駅名が表示される

自動券売機

言語の切り替えが国旗なので分かりやすい。

運行掲示板

列車番号、発車時刻、ホームの番号が表示される。

刻印機

紙のチケットは乗車前に打刻が必要な場合があるので要注意。

路線図をください。

Vorrei una cartina delle varie linee.
ヴォレイ　ウナ　カルティーナ　デッレ　ヴァーリエ　リーネエ
Can I have a route map?

ナポリに行きたいのですが。

Vorrei andare a Napoli.
ヴォレイ　アンダーレ　ア　ナーポリ
I'd like to go to Naples.

列車の時刻を教えてください。

Può dirmi l'orario dei treni, per favore?
プオ　ディルミ　ロラーリオ　デイ　トレーニ　ベル　ファヴォーレ
What time does the train leave?

トリノ行きの片道きっぷをください。

Vorrei un biglietto solo andata per Torino, per favore.
ヴォレイ　ウン　ビリエット　ソーロ　アンダータ　ベル　トリーノ　ベル　ファヴォーレ
Can I have a one-way ticket to Torino?

何時にトリノに着きますか？

A che ora arriva a Torino?
ア　ケ　オラ　アリーヴァ　ア　トリーノ
What time does the train arrive in Torino?

アオスタ行きの始発 [最終] 列車は何時ですか？

A che ora è il primo treno[l'ultimo treno] per Aosta?
ア　ケ　オラ　エ　イル　プリーモ　トレーノ [ルルティモ　トレーノ]ベル　アオスタ
What time does the first[last] train to Aosta leave?

5番ホームはどこですか？

Dov'è il binario 5？
ドヴェ　イル　ビナーリオ　チンクエ
Where is the platform No. 5?

数字→P.150

列車の乗り方は？

1 出発ホームを確認
駅の電光掲示板のPartenze（出発）を見る。ホームはBinario。

2 切符を打刻する
乗車前に刻印機にチケットを入れる。オンラインチケットなどは不要。

3 座席を探す
高速列車は全席指定。自由席の場合は等級を確認して空いている席へ。

4 列車を降りる
列車によっては扉が自動でなく自分で開けるタイプも。

座席を探そう

フレッチャロッサやイタロなどの高速列車は全席指定。チケットに記載された席を探して座りましょう。ローカル列車は1等や2等など等級だけ分かれていて、すべて自由席になっている場合が多いです。

1等席の客室

無事列車に乗れました〜！

ここは私の席だと思います。
Penso che il mio posto sia questo.
ペンソ ケ イル ミオ ポスト シア クエスト
I think this is my seat.

今どのあたりを走っていますか？
Dove si trova adesso?
ドヴェ スィ トローヴァ アデッソ
Where are we now?

次は何駅ですか？
Dov'è la prossima stazione?
ドヴェ ラ プロッシマ スタッツィオーネ
What is the next station?

きっぷをなくしてしまったのですが。
Ho perso il biglietto.
オ ペルソ イル ビリエット
I've lost my ticket.

列車のおもな種類

〈国内高速鉄道〉
■ レ・フレッチェ Le Frecce
イタリア第一の鉄道会社トレニタリアTrenitaliaが運行する高速列車。旧ユーロスターイタリア。運行本数が多く、接続も良いため、飛行機より便利なことも。全席指定。
●フレッチャロッサ（赤い矢）Frecciarossa（FR）
主要都市間を最高時速300kmで結ぶイタリア最速の高速列車。一部区間では最高時速400kmを誇る「フレッチャロッサ1000」も運行していて、ミラノ〜ローマを最短約3時間で結ぶ。

●フレッチャルジェント（銀の矢）Frecciargento（FA）
高速線と在来線を利用して主要都市間を結ぶ特急列車。最高速度250km。
●フレッチャビアンカ（白い矢）Frecciabianca（FB）
おもに在来線を利用して主要都市と地方都市を結ぶ列車。最高速度200km。
■ イタロ .italo
民間会社NTVが運行する高速列車。真っ赤な車体が特徴。路線や所要時間はフレッチャロッサとほぼ同じ。主要駅に専用ラウンジがあるなど、サービスが充実。全席指定。

〈その他のおもな鉄道〉
●インテルシティ InterCity（IC）
高速列車のない都市間などをカバーする特急列車。要予約。
●インテルシティノッテInterCity Notte（ICN）
ICの夜行列車版。
●レジョナーレ Regionale（R）
各地域を運行する普通列車。予約不要

乗りものに乗って移動

バス
autobus
アウトブス

バスの旅はのんびり景色を楽しんだり、
地元の人々と触れ合う機会が増えるのが魅力です。

チケットを購入しましょう

チケットは地下鉄、バス、トラム共通の場合が多く、街なかのタバッキや駅の券売機などで買えます。交通系ICカードやタッチ決済が使えるバスもあります。長距離バスのチケットは、バスターミナルなどで。オンライン予約も便利。

中距離バス

近郊都市をつなぐ。また鉄道が走っていない地域はバスで移動が一般的。

長距離バス

近郊の都市を結ぶ路線から、長距離を運行する路線まである。便数が少ないので利用の際は事前に確認を。

乗車しましょう

行き先はバスの正面に表示されています。乗り間違えないように確認しましょう。乗車したらチケットを機械に通して打刻するのを忘れずに。交通系ICカードやタッチ決済を使う場合は、専用の機械にかざします。

イタリアでは車内アナウンスは基本的にありません。

コロッセオ行きのバスはどこから出ますか？

Da dove parte l'autobus per il Colosseo?
ダ ドヴェ パルテ ラウトブス ペル イル コロッセオ
Where does the bus for the Colosseo leave?

切符はどこで買えますか？

Dove posso comprare il biglietto?
ドヴェ ポッソ コンプラーレ イル ビリエット
Where can I buy the ticket?

車内でも切符は買えますか？

Posso comprare il biglietto sull'autobus?
ポッソ コンプラーレ イル ビリエット スッラウトブス
Can I buy the ticket in the bus?

回数券［1日券］はありますか？

Avete un blocchetto di biglietti[un biglietto]?
アヴェーテ ウン ブロケット ディ ビリエッティ［ウン ビリエット］
I'd like to have a carnet[day ticekt].

このバスはコロッセオに行きますか？

Questo autobus va al Colosseo?
クエスト アウトブス ヴァ アル コロッセオ
Does this bus go to the Colosseo?

コロッセオへ行くにはどこで降りればいいですか？

Per andare al Colosseo, dove devo scendere?
ペル アンダーレ アル コロッセオ ドヴェ デヴォ シェンデレ
At which stop do I have to get off to go to the Colosseo?

バスの路線図をもらえますか？

Posso avere una cartina delle linee degli autobus?
ポッソ アヴェーレ ウナ カルティーナ デッレ リーネエ デッリ アウトブス
Can I have a bus route map?

基本会話

見どころ

グルメ

ショッピング

エンタメ

ビューティ

ホテル

乗りもの

基本情報

単語集

ここに行くには何号線に乗ればよいですか?

Da quale binario devo partire per andare qua?
ダ クアレ ビナーリオ デヴォ パルティーレ ペル アンダーレ クア

Which line do I have to take to go there?

乗り換えは必要ですか?

Bisogna cambiare l'autobus?
ビゾーニャ カンビアーレ ラウトブス

Do I have to transfer?

どこで乗り換えですか?

Dove devo cambiare?
ドヴェ デヴォ カンビアーレ

Where should I transfer?

次の長距離バスの出発時刻を教えていただけますか?

Mi può dire a che ora parte il prossimo pullman, per favore?
ミ プオ ディーレ ア ケ オラ パルテ イル プロッシモ プルマン ペル ファヴォーレ

Could you tell me the departure time of the next bus?

降車するときは…
終点で降りる場合は問題ありませんが、途中の停留所で降りる場合は、あらかじめドライバーに降りる停留所を伝えて、教えてもらうようお願いしましょう。

コロッセオに着いたら教えていただけますか?

Può dirmi quando arriva al Colosseo, per favore?
プオ ディルミ クアンド アリーヴァ アル コロッセオ ペル ファヴォーレ

Please tell me when we arrive at the Colosseo.

ここで降ります。

Scendo qua.
シェンド クア

I'll get off here.

次は何というバス停ですか?

Come si chiama la prossima fermata di autobus?
コメ スィ キアーマ ラ プロッシマ フェルマータ ディ アウトブス

What is the next bus stop?

帰りの停留所はどこですか?

Dov'è la fermata per il ritorno?
ドヴェ ラ フェルマータ ペル イル リトルノ

Where is the bus stop for going back?

無事バスに
乗れました〜!

乗りものに乗って移動

タクシー
taxi
タクシー

荷物が多いときや深夜など、タクシーは旅行者にとって重要な
交通手段です。利用方法を覚えて、上手に活用しましょう。

タクシーの探し方

「TAXI」の看板がある乗り場に行くか電話で呼びます。ホテルやレストランで頼んでもOK。タクシー予約アプリも便利です。

タクシー乗り場の看板

乗り場以外の場所で客引きをするタクシーに乗ってはいけません!

タクシーに乗ったら

まずメーターが基本料金になっているかを確認してから行き先を伝えましょう。また移動中も正常に動いているかを確認するのがベター。

タクシーを呼んでいただけますか?

Può chiamarmi un taxi, per favore?
プオ キアマールミ ウン タクシー ペル ファヴォーレ🔊
Please call me a taxi.

いくらくらいですか?

Quanto costa circa?
クアント コスタ チルカ🔊
How much will it be?

時間はどのくらいかかりますか?

Quanto tempo ci vuole?
クアント テンポ チ ヴォーレ🔊
How long will it take?

(住所を見せて)ここへ行ってください。

A questo indirizzo, per favore.
ア クエスト インディリッツォ ペル ファヴォーレ
Take me to this address, please.

ウッフィッツィ美術館まで行っていただけますか?

Può portarmi alla Galleria degli Uffizi, per favore?
プオ ポルタールミ アッラ ガッレッリーア デリ ウッフィーツィ ペル ファヴォーレ🔊
Take me to the Uffizi Museum.

急いでください!

Ho fretta.
オ フレッタ
Please hurry.

荷物をトランクに入れていただけますか?

Può mettere le mie valigie nel portabagagli, per favore?
プオ メッテレ レ ミエ バリージェ ネル ポルタバガッリ ペル ファヴォーレ🔊
Please put my luggage in the trunk.

基本会話

見どころ

グルメ

ショッピング

エンタメ

ビューティ

ホテル

乗りもの

基本情報

単語集

イタリアのタクシー

イタリアのタクシーは基本的に車体は白で、屋根に「TAXI」のサインが付いています。ドライバーはラフな服装の人が多いです。

降りるときは

目的地に着いたら料金を払います。料金が違っているようだったら車内で料金の詳細を確認し、クレームをつけましょう。

荷物が多い場合や、渋滞に巻き込まれた場合は料金が加算されます。

ここで停めていただけますか？

Può fermare qua, per favore?

プオ フェル**マー**レ クア ベル ファ**ヴォー**レ 🎵

Please stop here.

ここでちょっと待っていただけますか？

Può aspettare qui un attimo, per favore?

プオ アスペッ**ター**レ ク**ィ** ウナッティモ ベル ファ**ヴォー**レ 🎵

Please wait here for a minute.

いくらですか？

Quanto costa?

ク**アント コスタ** 🎵

How much is it?

領収書をいただけますか？

Posso avere la ricevuta, per favore?

ポッソ アヴェーレ ラ リチェ**ヴー**タ ベル ファ**ヴォー**レ 🎵

Could I have a receipt?

料金がメーターと違います。

La tariffa è diversa dal tassametro.

ラ タ**リッ**ファ エ ディ**ヴェル**サ ダル タッ**サー**メトロ

The fare is different from the meter.

イタリアのタクシー活用法＆トラブルについて

タクシー利用法

荷物が多いときや、深夜や早朝の移動に便利。ホテルや店で呼んでもらうのが簡単です。イタリアの都市部では「FREENOW」や「Uber」などの配車アプリも普及しています。料金や時間の目安などを確認でき、支払い方法も設定できるので安心。

トラブルについて

支払い金額のトラブルが多く、目的地までわざと遠回りをしたり、メーターの故障と言って法外な金額を請求する場合があるので、その際ははっきりクレームをつけましょう。

無事タクシーに乗れました〜！

両替はこうしましょう　## 通貨と両替 valuta e cambio ヴァルータ　エ　カンビオ

旅先で大事なお金のこと。市場などではカードを使えないお店が多いので現金は持っておきましょう。入国したら、まずは空港を出てホテルの客室に落ち着くまでに必要なお金の準備をしましょう。

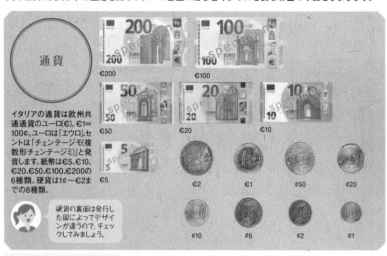

通貨

イタリアの通貨は欧州共通通貨のユーロ(€)。€1=100¢。ユーロは「エウロ」、セントは「チェンテージモ(複数形チェンテージミ)」と発音します。紙幣は€5、€10、€20、€50、€100、€200の6種類。硬貨は1¢～€2までの8種類。

硬貨の裏面は発行した国によってデザインが違うので、チェックしてみましょう。

€200　€100　€50　€20　€10　€5　€2　€1　¢50　¢20　¢10　¢5　¢2　¢1

日本でユーロの準備を

日本円をユーロに両替する場合、イタリアより日本のほうがレートがよく手数料も割安なことが多いです。出発前に空港内の銀行で両替するのが便利。インターネットで申し込み、宅配で受け取れるサービスもあります。

現地で両替するときは？

銀行や両替所、ホテルのフロントなどで両替できますが、パスポートの提示が必要です。両替後は窓口を離れず、その場で金額をよく確認しましょう。少額紙幣を多めに混ぜてもらうと使いやすいです。

両替所はどこですか？

Dov'è il cambio?
ドヴェ　イル　カンビオ ●

Where's the money exchange?　数字●P.150

日本円を500ユーロ分両替したいのですが。

Vorrei cambiare Yen giapponesi per 500 euro.
ヴォレイ　カンビアーレ　イェン　ジャッポネージ　ペル　チンクエチェント　エウロ

I'd like to buy 500 euros with yen.　数字●P.150

どのようにしましょうか？

Come li vuole?
コメ　リ　ヴォーレ ●

How would you like it?

20ユーロ札を10枚と50ユーロ札を6枚にしてください。

10 banconote da 20 euro e 6 banconote da 50 euro, per favore.
ディエチ　バンコノーテ　ダ　ヴェンティ　エウロ　エ　セイ　バンコノーテ　ダ　チンクアンタ　エウロ　ペル　ファヴォーレ

I'd like ten 20 euro bills and six 50 euro bills.　数字●P.150

これをユーロに替えてください。

Vorrei cambiare questi in euro.
ヴォレイ カンビアーレ クエスティ イン エウロ
Can you change this into euros?

この紙幣をコインに替えていただけますか?

Può cambiare queste banconote in monete?
プオ カンビアーレ クエステ バンコノーテ イン モネーテ 🔊
Please change this bill into coins.

空港や駅などに設置してある自動両替機は24時間利用でき便利ですがレートはよくありません。ホテル、空港での両替もレートは悪いです。

計算を間違っていませんか?

I conti non tornano?
イ コンティ ノン トルナノ 🔊
I think this is incorrect.

計算書をください。

Vorrei avere la ricevuta.
ヴォレイ アヴェーレ ラ リチェヴータ
Could I have the receipt?

20ユーロを10枚ください。

10 da 20 euro, per favore.
ディエチ ダ ヴェンティ エウロ ベル ファヴォーレ
Ten 20 euro bills, please.

数字 → P.150

無事両替
できました～!

海外の ATM 利用法

VISAやMasterCardなど、国際ブランドのクレジットカードやデビットカードがあれば、提携ATMで現地通貨を引き出せます。出発前に海外利用の可否、限度額、手数料、暗証番号などを確認しておきましょう。

24時間のATMもあって便利ですが、路上にあるATMや夜間の利用は避けた方が安全。

1. カードを挿入する

2.「暗証番号を入力してください」
4桁の暗証番号(PIN)を入力。

3.「取引内容を選択してください」
「WITHDRAWAL(引き出し)」を選択。

4.「取引口座と金額を選んでください」
クレジットカードは「CREDIT」、デビットカードは「SAVINGS」を選択。引き出す額は、表示金額から選ぶか入力。

ENTER YOUR PIN NUMBER, THEN PRESS
VALIDATION
CORRECTION
ANNULATION

CHOOSE TRANSACTION
WITHDRAWAL — 引き出し
BALANCE ACCOUNT — 残高照会
TRANSFER — 振り込み
ANNULATION — 中止

ENTER AMOUNT
20.00
FROM CREDIT — キャッシング
FROM CHECKING — 当座預金から
CLEAR FROM SAVINGS — 預金から

手紙や小包を出してみよう

郵便と配送
spedizione postale e consegna
スペディツィオーネ ポスターレ エ コンセニャ

海外から、手紙で旅の報告をしましょう。
買い込んだおみやげを配送にすれば、身軽に旅を続けられます。

郵便局を探そう

黄色に青い文字で「PT／Posteitaliane」と書かれている看板を目印に探しましょう。

切手はどこで買えますか？

Dove posso comprare qualche francobollo?
ドヴェ ポッソ コンプラーレ クアルケ フランコボッロ ♪
Where can I buy some stamps?

郵便局の看板

郵便局 [ポスト] はどこですか？

Dove c'è un ufficio postale[una cassetta per le lettere]?
ドヴェ チェ ウン ウッフィーチョ ポスターレ [ウナ カセッタ ペル レ レッテッレ] ♪
Where is the post office?

郵便局で

切手は郵便局以外に、ホテル、タバコ屋でも購入できます。

これを日本に送りたいのですが。

Vorrei mandare questo in Giappone.
ヴォレイ マンダーレ クエスト イン ジャッポーネ
I'd like to send this to Japan.

何日ぐらいで届きますか？

Quanti giorni ci vogliono per arrivare?
クアンティ ジョルニ チ ヴォリオノ ペル アリヴァーレ ♪
How long does it take to get there?

速達にしてください。

Espresso, per favore.
エスプレッソ ペル ファヴォーレ
Can you send it express?

エアメール用ポスト

日本までいくらかかりますか？

Quanto costa per il Giappone?
クアント コスタ ペル イル ジャッポーネ ♪
How much is the postage to Japan?

航空便だと30ユーロ、船便だと20ユーロです。

Costa 30 euro per via aerea, 20 euro per via mare.
コスタ トレンタ エウロ ペル ヴィア アエーレア ヴェンティ エウロ ペル ヴィア マーレ
Thirty euros for air, and twenty euros for ship. 数字◎P.150

134

基本会話

見どころ

グルメ

ショッピング

エンタメ

ビューティ

ホテル

乗りもの

基本情報

単語集

荷物の配送

確実に早く送りたい時はEMS が便利です。最大30kg。梱包に必要なものは文房具店などで購入できます。

国際宅配便

DHLやFedEXなどの民間会社による国際宅配サービス。郵便局より割高ですが、配送が早く、集荷や梱包、通関手続きなども充実しています。欧州ヤマト運輸は別送品も取り扱いOKで、ワイン専用の宅急便などもあります。

無事
送れました～!

日本に荷物を送りたいのですが。

Vorrei spedire della merce in Giappone.
ヴォレイ　スペディーレ　デッラ　メルチェ　イン　ジャッポーネ
I'd like to send a package to Japan.

ダンボール箱とテープをもらえますか?

Posso avere cartoni e nastro adesivo, per favore?
ポッソ　アヴェーレ　カルトーニ　エ　ナストロ　アデシーヴォ　ペル　ファヴォーレ 🔊
Could I have a box and a tape?

伝票の書き方を教えていただけますか?

Mi può dire come si scrive nota, per favore?
ミ　プオ　ディーレ　コメ　スィ　スクリーヴェ　ノータ　ペル　ファヴォーレ 🔊
Could you tell me how to write an invoice?

壊れやすい物が入っています。

C'è qualcosa di fragile.
チェ　クアルコーザ　ディ　フラージレ
It is fragile.

宛先の書き方

●はがきや封書の場合

```
                              POST CARD          ┌─────┐
                                                 │ 切手 │
TAKUMI NAKAMURA                                  └─────┘
PLAZA HOTEL
Milano, Italy

              中央区中央1-1-1
              鈴木花子様

                            JAPAN

AIR MAIL
```

差出し名は、日本語でもOK。日本の住所を書いてもよい

切手（郵便局やホテルで買える）

宛名は日本語でOK

朱字で書く ← AIR MAIL

朱字で書く

はがき	cartolina カルトリーナ	封書	lettera レッテラ	取り扱い注意	attenzione fragile アテンツィオーネ フラージレ
		印刷物	stampe スタンペ	小包	pacco パッコ
		割れ物注意	fragile フラージレ	タバコ屋	tabacchi タバッキ

電話をかけてみよう

電話 telefono
テレーフォノ

レストランやエステなどの予約はもちろん、緊急時に電話が使えると便利で心強いです。
宿泊しているホテルや日本大使館の番号を控えておくと安心です。

電話を探そう

公衆電話はコイン式やカード式がありますが、数が少なく、故障していることも。携帯電話がない場合は、ホテル客室の電話を利用しましょう。ホテルの手数料が加算されて割高になりやすいので注意。

携帯電話の普及にともない、数が減っている。

※国際電話

○ダイヤル直通電話

・日本の一般電話にかける
(例)東京03-1234-5678
　　へかける
ホテルからかけるときは、
ホテルの外線番号
　　　　日本の国番号
●-00-81-3-1234-5678

国際電話　市外局番の
識別番号　最初の0はとる

・日本の携帯電話にかける
(例)日本090-1234-5678
　　へかける
ホテルからかけるときは、
ホテルの外線番号
　　　　日本の国番号
●-00-81-90-1234-5678

国際電話　識別番号の
識別番号　最初の0はとる

公衆電話はどこにありますか?

Dove c'è un telefono pubblico?
ドヴェ　チェ　ウン　テレフォノ　プッブリコ
Where is the pay phone?

もしもし、シェラトンホテルですか?

Pronto, è l' Hotel Sheraton?
プロント　エ　ロテール　シェラトン
Hello. Is this the Sheraton Hotel?

1102号室のスズキハナコさんをお願いできますか?

Posso parlare con la Signora Hanako Suzuki, camera 1102, per favore?
ポッソ　パルラーレ　コン　ラ　シニョーラ　ハナコ　スズキ　カーメラ　ミッレチェントドゥエ　ベル　ファヴォーレ
May I speak to Ms. Hanako Suzuki in room 1102 ?
数字 P.150

少々お待ちください。

Aspetti un attimo.
アスペッティ　ウナッティモ
Just a moment, please.

伝言をお願いできますか?

Posso lasciare un messaggio?
ポッソ　ラッシャーレ　ウン　メッサッジョ
Can I leave a message?

また後でかけ直します。

Richiamo più tardi.
リキアーモ　ピュー　タルディ
I'll call again later.

ナカムラから電話があったと伝えてください。

Per favore ditele che ha telefonato Nakamura .
ベル　ファヴォーレ　ディーテレ　ケ　ア　テレフォナート　ナカムラ
Please tell her that Nakamura called.

日本からイタリアへの国際電話のかけかたは？

マイラインに登録している場合	マイラインに登録していない場合
010 + **39** + **相手の番号**	最初に国際電話会社の番号をつけてから、左記と同じようにダイヤルします(ソフトバンク:0061)※2024年1月以降は原則不要になる予定
▲ 国際電話 識別番号　▲ イタリア の国番号	

※国内電話

イタリアは固定電話、携帯電話などの電話の種類にかかわらず、同じ市内からかける場合も、相手の市外局番からプッシュします。

もっとゆっくり話してもらえますか？

Può parlare più lentamente, per favore?
プオ　バルラーレ　ピュー　レンタメンテ　ペル　ファヴォーレ
Could you speak more slowly?

ごめんなさい、間違えました。

Scusi, mi sono sbagliato.
スクーズィ　ミ　ソノ　ズバリアート
I'm sorry. I have the wrong number.

携帯電話の利用について

日本の携帯やスマホを海外で使う場合は、高額請求を避けるため、事前に料金や設定を確認しておきましょう。SIMフリーの機種なら、現地で利用できるプリペイドSIMを購入する方法もあります。

携帯電話をレンタルしたいのですが。

Mi può prestare il cellulare, per favore?
ミ　プオ　プレスターレ　イル　チェルラーレ　ペル　ファヴォーレ
I'd like to rent a cell phone.

100ユーロのテレフォンカードをいただけますか？

Posso avere una scheda telefonica da 100 euro?
ポッソ　アヴェーレ　ウナ　スケーダ　テレフォニカ　ダ　チェント　エウロ
100 euro phone card, please.

通話アプリの注意点

LINEやFaceTimeなどのアプリを使うと無料で通話できますが、データ通信料はかかります。フリーWiFiや海外パケット定額などを利用しましょう。データローミングなどの設定も確認を。

コレクトコールで日本に電話をかけたいのですが。

Vorrei fare una telefonata a carico del destinatario in Giappone.
ヴォレイ　ファーレ　ウナ　テレフォナータ　ア　カリコ　デル　デスティナターリオ　イン　ジャッポーネ
I'd like to make a collect call to Japan.

この電話からかけられますか？

Posso fare una chiamata da questo telefono?
ポッソ　ファーレ　ウナ　キアマータ　ダ　クエスト　テレーフォノ
Can I make a call on this phone?

日本語を話せる人はいますか？

C'e qualcuno che parla giapponese?
チェ　クアルクーノ　ケ　パルラ　ジャッポネーゼ
Is there anyone who speaks Japanese?

無事電話
できました～！

137

インターネット

internet
インテルネット

現地での情報収集はもちろん、通信手段としても、
旅行先でのインターネット利用は欠かせませんね。

ネットを利用するには？

●WiFiスポットを活用
空港やホテル、カフェやレストランなど、多くの場所で無料WiFiが利用できます。速度はまちまちで、時間制限があることも。パスワードが不明ならスタッフに聞きましょう。

●海外パケット定額を利用
携帯電話会社の海外パケット定額サービスは、1時間や1日など、好きなタイミングで使えて便利。日本の契約プランのデータ量を使えるものも。申し込みや設定が必要で、格安SIMは対象外のこともあります。

●WiFiルーターを借りる
空港などでもレンタルできる海外用WiFiルーターは、複数台を同時に接続できて便利。ルーターの持ち歩きと充電、受取・返却が必要です。

●プリペイドSIMカード購入
データ通信量や期間などが決まっている前払い式の海外用SIMカード。SIMフリー機種が必要です。SIMカードの入れ替えが不要なeSIMが便利。

ホテルに無料の Wi-Fi はありますか？

Esiste una rete Wi-Fi gratuita?

エシスト・ウーナー・リーテ・ワイファイ・グラティター 🔊

Do you have a free Wi-Fi?

Wi-Fi のパスワードを教えてもらえますか？

Posso avere la password del Wi-Fi?

ポソー・エーバー・エレー・パスワード・デル・ワイファイ 🔊

Can I have the Wi-Fi password?

部屋でインターネットを使うことはできますか？

Posso usare internet in camera?

ポソー・アセア・インタネット・イン・キャメラー 🔊

Can I use the internet in my room?

近くで Wi-Fi を使えるところはありますか？

C'è un posto dove si può usare il Wi-Fi nelle vicinanze?

ケ・ユーエン・ポスト・ダブ・シー・パオ・アセア・イル・ワイファイ・ネル・ビシナンズ 🔊

Where can I find free Wi-Fi around here?

ポケット Wi-Fi の貸出はありますか？

Posso prendere in prestito il Wi-Fi tascabile?

ポソー・プレンダー・イン・プレズティート・イル・ワイファイ・タースカーバイル 🔊

Can I borrow a pocket Wi-Fi?

無料WiFiはセキュリティに問題があることも。提供元がわからないWiFiへの接続や、ID・パスワードなどの個人情報入力は避けましょう。

基本会話

見どころ

グルメ

ショッピング

エンタメ

ビューティ

ホテル

乗りもの

基本情報

単語集

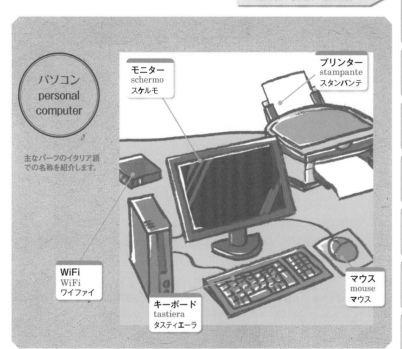

イタリアのネットカフェ
街なかや観光地にはネットカフェやコワーキングスペースがありますが、パソコンが置いてある店は少なく、電源やWiFiだけ利用できる店が一般的です。

パソコン
personal
computer

主なパーツのイタリア語
での名称を紹介します。

モニター
schermo
スケルモ

プリンター
stampante
スタンパンテ

WiFi
WiFi
ワイファイ

キーボード
tastiera
タスティエーラ

マウス
mouse
マウス

すぐに使えるトラブルフレーズ

LAN [WiFi] の接続がうまく
いきません。見てもらえませんか。
Non riesco a collegarmi LAN[WiFi].
Puo' controllare?
ノン リエスコ ア コッレガルミ ラン [ワイファイ]
プオ コントロラーレ

マウスの調子が悪いです。
Il mouse non funziona tanto bene.
イル マウス ノン フンツィオーナ タント ベーネ

フリーズしました。
È bloccato.
エ ブロッカート

139

もしものために **緊急・トラブルに備えましょう**

旅先では何が起こるかわかりません。
重大な事態を回避するためにも、ここで紹介するフレーズを覚えましょう。

助けを呼ぶ

助けて！

Aiuto!
アイウート
Help me!

やめて！

La smetta!
ラ スメッタ
Stop it!

一緒に来て！

Venga con me!
ヴェンガ コン メ
Come with me!

聞いて！

Senta!
センタ
Listen!

警察を呼んで！

Chiamate la polizia!
キアマーテ ラ ポリッツィーア
Call a police!

泥棒！

Al ladro!
アル ラードロ
Thief!

その男［女］をつかまえて！

Prendilo[Prendila]!
プレンディロ［プレンディラ］！
Catch that man[woman]!

だれか！

Qualcuno!
クアルクーノ
Somebody!

お金のもちあわせはありません。

Non ho soldi.
ノノ ソルディ
I don't have any money.

これで全部です。

Questo è tutto.
クエスト エ トゥット
That's all.

殺さないで！

Non mi ammazzare!
ノン ミ アッマッツァーレ
Don't kill me!

出ていけ！

Vai via!／Vattene!
ヴァイ ヴィア／ヴァッテネ
Get out!

医者を呼んでください。

Chiamate il dottore!
キアーマーテ イル ドットーレ
Call a doctor!

140

基本会話

見どころ

グルメ

ショッピング

エンタメ

ビューティ

ホテル

乗りもの

基本情報

単語集

脅迫のことば

動くな！

Non ti muovere!
ノン ティ モーヴェレ！
Don't move!

止まれ！

Fermati!
フェルマティ！
Stop!

金を出せ！

Dammi i soldi!
ダンミ イ ソルディ！
Give me the money!

静かにしろ！

Stai zitto!
スタイ ツィット！
Be quiet!

手をあげろ！

Alza le mani!
アルツァ レ マーニ！
Hands up!

隠れろ！

Nasconditi!
ナスコンディティ！
Hide!

荷物を渡せ！

Dammi i bagagli.
ダンミ イ バガッリ
Give me your bags.

紛失・盗難

パスポートをなくしました。

Ho perso il passaporto.
オ ペルソ イル パッサポルト
I lost my passport.

ここに電話してください。

Chiamate qui, per favore.
キアマーテ クイ ペル ファヴォーレ
Call here.

日本語を話せる人はいますか？

C'è qualcuno che parla giapponese?
チェ クアルクーノ ケ パルラ ジャッポネーゼ 🔊
Is there anyone who speaks Japanese?

バッグ[財布]を盗まれました。

Mi hanno rubato la borsa [il portafoglio].
ミ アンノ ルバート ラ ボルサ [イル ポルタフォーリオ]
I had my bag[purse] stolen.

日本大使館はどこですか？

Dov'è l'ambasciata giapponese?
ドヴェ ランバッシャータ ジャッポネーゼ 🔊
Where is the Japanese Embassy?

緊急・トラブルに備えましょう

トラブルに対処するために

警察に届けたいのですが。

Vorrei consegnare alla polizia.
ヴォレイ コンセニャーレ アッラ ポリッツィーア
I'd like to report it to the police.

盗難証明書を作ってください。

Mi può fare un documento per la denuncia di furto, per favore?
ミ プオ ファーレ ウン ドクメント ベル ラ デヌンチャ ディ フルト ベル ファヴォーレ ●
Could you make out a report of the theft?

私の荷物が見つかりません。

Non ho trovato il mio bagaglio.
ノノ トロヴァート イル ミオ バガッリオ
I can't find my baggage.

どこに置き忘れたかわかりません。

Non so dove ho lasciato.
ノン ソ ドヴェ オ ラッシャート
I'm not sure where I lost it.

どこに届け出ればいいですか?

Dove devo consegnare?
ドヴェ デヴォ コンセニャーレ ●
Where should I report to?

あそこの遺失物係へ届け出てください。

Può consegnare a quello ufficio oggetti smarriti, per favore?
プオ コンセニャーレ ア クエッロ ウッフィーチョ オッジェッティ ズマッリーティ ベル ファヴォーレ ●
Please report to lost-and-found over there.

基本会話

見どころ

グルメ

ショッピング

エンタメ

ビューティ

ホテル

乗りもの

基本情報

単語集

見つかりしだい、ホテルに届けてください。

Appena la trova, può portarmela all'albergo, per favore.
アッペーナ ラ トローヴァ プオ ポルタルメラ アッラルベルゴ ベル ファヴォーレ
Please bring it to my hotel as soon as you find it.

タクシーにバッグを置き忘れました。

Ho lasciato la borsa in taxi.
オ ラッシャート ラ ボルサ イン タクシー
I left my bag in the taxi.

ここに置いたカメラがなくなりました。

Ho perso la macchina fotografica che ho lasciato qui.
オ ペルソ ラ マッキナ フォトグラーフィカ ケ オ ラッシャート クイ
I left my camera here and now it's gone.

お役立ち単語集 WORD			
		電話 telefono テレーフォノ	日本大使館 ambasciata del Giappone アンバッシャータ デル ジャッポーネ
		お金 soldi ソルディ	パスポート passaporto パッサポルト
警察	polizia ポリッツィーア	住所 indirizzo インディリッツォ	スリ borseggiatore ボルセッジャトーレ
救急車	ambulanza アンブランツァ	トラベラー traveller's check ズチェック トラヴェラーズ チェック	保安係 forza pubblica フォルツァ プッブリカ
紛失	perdita ペルディタ	クレジット carta di credito トカード カルタ ディ クレーディト	保険会社 compagnia di assicurazioni コンパニーア ディ アッシクラッツィオーニ

memo
クレジットカード紛失時連絡先

航空会社

ホテル

海外旅行保険

日本語OKの医療機関

memo

緊急・トラブルに備えましょう

病気・ケガ

気分が悪いです。

Mi sento male.
ミ セント マーレ
I feel sick.

頭痛がします。

Ho mal di testa.
オ マル ディ テスタ
I have a headache.

めまいがします。

Ho un capogiro.
オ ウン カポジーロ
I feel dizzy.

吐き気がします。

Ho la nausea.
オ ラ ナウゼア
I feel nauseous.

熱があるようです。

Ho la febbre.
オ ラ フェブレ
I think I have a fever.

おなかが痛いです。

Ho mal di pancia.
オ マル ディ パンチャ
I have a stomachache.

血液型はB [A／AB／O]型です

Il mio sangue è gruppo B[A ／ AB ／ O].
イル ミオ サングエ エ グルッポ ビー [アー／アビ／オー]
My blood type is B[A ／ AB ／ O].

診断書お願いします。

Il certificato, per favore.
イル チェルティフィカート ペル ファヴォーレ
Can I have a medical certificate?

歯が痛みます。

Ho mal di denti.
オ マル ディ デンティ
I have a toothache.

足首をねんざしました。

Ho preso una storta alla caviglia.
オ プレーゾ ウナ ストルタ アッラ カヴィッリア
I sprained my ankle.

腕の骨を折ったようです。

Penso di essermi rotto un braccio.
ペンソ ディ エッセルミ ロット ウン ブラッチョ
I think I broke my arm.

手をやけどしました。

Mi sono bruciato la mano.
ミ ソノ ブルチャート ラ マーノ
I burned my hand.

ナイフで指を切りました。

Mi sono tagliato un dito con il coltello.
ミ ソノ タリアート ウン ディート コン イル コルテッロ
I cut my finger with a knife.

頭	testa テスタ	あご	mascella マッシェッラ
こめかみ	tempia テンピア	首	collo コッロ
額	fronte フロンテ	のど	gola ゴーラ
頬	guancia グアンチャ		
目	occhio オッキオ		
耳	orecchio オレッキオ		
鼻	naso ナーゾ		
歯	dente デンテ		

□□□□□ が痛い。
Ho mal di □□□□.
オ マル ディ □□□□

肩	spalla スパッラ
胸	petto ペット
腹	ventre ヴェントレ
腕	braccio ブラッチョ
肘	gomito ゴーミト
手	mano マーノ
手首	polso ポルソ
指	dito ディート
爪	unghia ウンギア
背中	schiena スキエナ
わきの下	ascella アッシェラ
肌	pelle ペッレ
下腹	basso ventre バッソ ヴェントレ
みぞおち	bocca dello stomaco ボッカ デッロ ストーマコ
へそ	ombelico オンベリーコ
腰	reni レーニ
お尻	sedere セデーレ
陰部	parti deboli パルティ デボリ

足	piede ピエーデ
太もも	coscia コッシャ
ひざ	ginocchio ジノッキオ
すね	gambe ガンベ
ふくらはぎ	polpaccio ポルパッチョ
足首	caviglia カヴィリア
つま先	punta del piede プンタ デル ピエーデ
かかと	tallone タッローネ

お役立ち単語集 WORD

| 薬 | medicina メディチーナ |
| 下痢 | diarrea ディアレーア |

頭痛	mal di testa マル ディ テスタ
風邪	raffreddore ラッフレッドーレ
骨折	frattura フラットゥーラ
ねんざ	storta ストルタ

歯痛	mal di denti マル ディ デンティ
寒気	brivido di freddo ブリヴィド ディ フレッド
切り傷	ferita フェリータ
めまい	capogiro カポジーロ

145

日本を紹介しましょう

旅先で親しくなった外国の人々に、その国の言葉で、日本を紹介しましょう。

[_____] は日本でとても人気がある料理です。

[_____] è un piatto molto popolare in Giappone.

[_____] エ ウン ピアット モルト ポポラーレ イン ジャッポーネ

Point 旅行先で、日本のことについて聞かれるかも。そんなとき、少しでも紹介できるとうれしいですよね。まずは食べ物から。

寿司 polpette di riso／sushi　ポルペッテ ディ リーゾ／スーシ　寿司は酢で味を付けた飯に魚介類の刺身をのせたものです。

Sushi è una polpetta di riso con una fetta di pesce,
スーシ エ ウナ ポルペッタ ディ リーゾ コン ウナ フェッタ ディ ペッシェ
cioè sashimi che è condito con aceto.
チョエ サシミ ケ エ コンディート コン アチェート

てんぷら tempura　テンプラ　野菜や魚介類などに、小麦粉を水で溶いて作ったころもをつけて、油で揚げたものです。

Tempura è un piatto con verdure e pesci,
テンプラ エ ウン ピアット コン ヴェルドゥーレ エ ペッシィ
impastata con acqua e farina e si frigge.
インパスタータ コン アックア エ ファリーナ エ スィ フリッジェ

すきやき sukiyaki　スキヤキ　牛肉の薄切りを豆腐や野菜とともに醤油ベースのタレで煮るものです。

Sukiyaki è un piatto con fette di carne di manzo, cagliata di fagioli
スキヤキ エ ウン ピアット コン フェッテ ディ カルネ ディ マンゾ カリアータ ディ ファジョーリ
e verdure si cuoce tutto insieme con zuppa di salsa di soia.
エ ヴェルドゥーレ スィ クォーチェ トゥット インシエーメ コン ズッパ ディ サルサ ディ ソーイア

おでん pot-pourri giapponese　ポットーポーリ ジャッポネーゼ　練り物や野菜などのさまざまな具を、だし汁で煮込んだものです。

Oden è un piatto con pesto di pesci,
オデン エ ウン ピアット コン ペスト ディ ペッシィ
verdure e varie cose e si cuoce con brodo.
ヴェルドゥーレ エ ヴァリエ コーゼ エ スィ クォーチェ コン ブロード

焼き鳥 spiedino di pollo alla brace　スピエディーノ ディ ポッロ アッラ ブラチェ　鶏肉などを串に刺して、タレや塩をまぶしてあぶったものです。

Yakitori è uno spiedino di pollo si
ヤキトリ エ ウノ スペディーノ ディ ポッロ スィ
mette condimento e sale e si fa arrosto.
メッテ コンディメント エ サーレ エ スィ ファ アロスト

146

┌─────────┐ **は日本でとても人気がある観光地です。**
└─────────┘

┌─────────┐ **è la zona turistica molto frequentata in Giappone.**
└─────────┘

┌─────────┐ エ ラ ゾーナ トゥリスティカ モルト フレクエンタータ イン ジャッポーネ
└─────────┘

Point 日本の地名や観光地は、ほとんど日本語と同じ発音でOKなので紹介しやすいですね。まずは、そこがどんな場所なのかをわかってもらいましょう。

富士山　Monte Fuji　モンテ　フジ　日本で最も高い山で、海抜3776メートルあります。5合目まで車で行くことができます。

Fuji è la montagna piu alta del Giappone. L'altitudine è 3776 m.
フジ エ ラ モンターニャ ピュー アルタ デル ジャッポーネ ラルティトゥーディネ エ トレミッラセッテチェントセッタンタセイ メートリ

Si può andare fino alla quinta stazione con la macchina.
スィ プオ アンダーレ フィーノ アッラ クインタ スタッツィオーネ コン ラ マッキナ

京都　Kyoto　キョウト　多くの文化遺産、伝統産業を今に伝える日本の歴史的な都市です。

Kyoto è una città storica giapponese dove si tramandano
キョート エ ウナ チッタ ストーリカ ジャッポネーゼ ドヴェ スィ トラマンダノ

tanti patrimoni culturari e industrie tradizionali.
タンティ パトリモーニ クルトゥラーリ エ インドゥストリーエ トラディツィオナーリ

秋葉原　Akihabara　アキハバラ　周辺に電気製品やアニメグッズが揃い、多くの外国人観光客も訪れる東京の街です。

Akihabara è una città di Tokyo dove ci sono tanti prodotti elettrici
アキハバラ エ ウナ チッタ ディ トーキョー ドヴェ チ ソノ タンティ プロドッティ エレットリチ

e produzioni di cartoni animati. Vengono tanti turisti stranieri.
エ プロドゥツィオーニ ディ カルトーニ アニマーティ ヴェンゴノ タンティ トゥリスティ ストラニエーリ

大阪　Osaka　オオサカ　西日本の経済・文化の中心で、豊かな食文化が魅力です。

Osaka è un centro di economia e cultura ad ovest del Giappone.
オーサカ エ ウン チェントロ ディ エコノミーア エ クルトゥーラ アドゥ オヴェスト デル ジャッポーネ

È ricco di fascino di cultura del mangiare.
エ リッコ ディ ファッシノ ディ クルトゥーラ デル マンジャーレ

知床　Shiretoko　シレトコ　北海道の東端にある半島一帯で、2005年に世界自然遺産に登録されました。

Shiretoko è una penisola nella zona est di Hokkaido,
シレトコ エ ウナ ペニーゾラ ネッラ ゾーナ エスト ディ ホッカイドウ

è registrata al patrimonio mondiale nel 2005.
エ レジストラータ アル パトリモーニオ モンディアーレ ネル ドゥエミッラチンクエ

日本を紹介しましょう

<table>
<tr><td>　　　　　　　</td><td>は日本の伝統文化です。</td></tr>
<tr><td>　　　　　　　</td><td>è la giapponese tradizionale.</td></tr>
<tr><td>　　　　　　　</td><td>エ　ラ　ジャッポネーゼ　トラディツィオナーレ</td></tr>
</table>

Point 「伝統文化」を紹介するのはちょっと苦労するかも。ジェスチャーもまじえて相手に伝えてみるのもいいでしょう。

歌舞伎　teatro kabuki　テアトロ　カブキ　江戸時代から続く、日本の伝統芸能です。男性役も女性役も男優が演じるのが特徴です。

Kabuki è l'arte tradizionale continua dal periodo del Edo.
カブキ　エ　ラルテ　トラディツィオナーレ　コンティーヌア　ダル　ペリオド　デル　エド
Ha la caratteristica che maschi fanno ruoli anche femminili.
ア　ラ　カラッテリスティカ　ケ　マスキ　ファンノ　ルオーリ　アンケ　フェミニーリ

相撲　sumo　スモー　土俵上で2人の力士が競い合う、日本の伝統的なスポーツです。

Sumo è uno sport giapponese tradizionale in cui 2
スモー　エ　ウノ　スポルト　ジャッポネーゼ　トラディツィオナーレ　イン　クーイ　ドゥエ
lottatori combattono in ring di sumo.
ロッタートリ　コンバットノ　イン　リング　ディ　スーモー

茶道　cerimonia del tè　チェリモーニア　デル　テ　伝統的な様式にのっとり、抹茶を振る舞う行為のことです。

La cerimonia del tè è che si beve tè
ラ　チェリモーニア　デル　テ　エ　ケ　スィ　ベーヴェ　テ
verde in stile tradizionale.
ヴェルデ　イン　スティーレ　トラディツィオナーレ

俳句　haiku　ハイク　五・七・五の三句十七音から成る日本独自の詩で、季節を表す「季語」を使い心情を表現します。

Haiku è una poesia giapponese originale di 17 sillabe in 3 versi di 5 7 7 sillabe.
ハイク　エ　ウナ　ポエジーア　ジャッポネーゼ　オリジナーレ　ディ　ディチャセッテ　シッラベ　イン　トレ　ヴェルシ　ディ　チンクエ　セッテ　セッテ　シッラベ
Esprime il sentimento usando "Kigo" è che la parola indica una stagione.
エスプリーメ　イル　センティメント　ウザンド　「キゴ」　エ　ケ　ラ　パローラ　ケ　インディカ　ウナ　スタッジョーネ

落語　monologo comico　モノローゴ　コーミコ　「寄席」と呼ばれる演芸場などで行われる、日常を滑稽な話として語る伝統的な話芸です。

Rakugo è un racconto tradizionale che fanno in teatro si chiama "Yose".
ラクゴ　エ　ウン　ラコント　トラディツィオナーレ　ケ　ファンノ　イン　テアートロ　シ　キアーマ　ヨセ
Si raccontano le cose giornaliere divertenti.
シ　ラコンタノ　レ　コーゼ　ジョルナリエーレ　ディヴェルテンティ

日本の人口は約1億2千万人です。	La popolazione giapponese è di 120 milioni. ラ ポポラッツィオーネ ジャッポネーゼ エ ディ **チェント**ヴェンティ ミリオーニ The population of Japan is about 120 million.
日本の首都は東京です。	La capitale del Giappone è Tokyo. ラ カピ**ター**レ デル ジャッ**ポー**ネ エ **トウキョウ** The capital of Japan is Tokyo.
夏になると台風が増えます。	In estate ci sono tanti tifoni. イン エス**ター**テ チ **ソノ タ**ンティ ティ**フォー**ニ There are many storms in summer.
日本は地震が多いです。	Ci sono tanti terremoti in Giappone. チ **ソノ タ**ンティ テレ**モー**ティ イン ジャッ**ポー**ネ We have many earthquakes in Japan.
東京スカイツリーは人気のある観光地です。	Il Tokyo Sky Tree è una zona turistica molto popolare. イル **トウキョウ** スカイ **トゥ**リ エ **ウ**ナ **ゾー**ナ トゥ**リ**スティカ **モ**ルト ポポ**ラー**レ Tokyo Skytree is a popular place in Tokyo.
日本は少子化が進んでいます。	Decresce il tasso di nascita in Giappone. デク**レ**シェ イル **タ**ッソ ディ **ナ**ッシタ イン ジャッ**ポー**ネ Birthrate is dropping in Japan.
日本ではセリエAはとても人気があります。	Serie A è molto popolare in Giappone. **セ**リエ **アー** エ **モ**ルト ポポ**ラー**レ イン ジャッ**ポー**ネ Serie A is very popular in Japan.
<u>渡辺謙</u>は日本の有名な俳優です。	Ken Watanabe è un attore giapponese molto famoso. **ケ**ン ワタ**ナ**ベ エ ウナッ**トー**レ ジャッポ**ネー**ゼ **モ**ルト ファ**モー**ゾ Ken Watanabe is a famous Japanese actor.
<u>綾瀬はるか</u>は日本の有名な女優です。	Haruka Ayase è un'attrice giapponese molto famosa. ハルカ **ア**ヤセ エ ウナット**リー**チェ ジャッポ**ネー**ゼ **モ**ルト ファ**モー**ザ Haruka Ayase is a famous Japanese actress.
日本では女子サッカーの人気があります。	Il calcio femminile è molto popolare in Giappone. イル **カ**ルチョ フェミ**ニー**レ エ **モ**ルト ポポ**ラー**レ イン ジャッ**ポー**ネ Women's soccer is very popular in Japan.
日本にはたくさんの温泉があります。	Ci sono tante termi in Giappone. チ **ソノ タ**ンテ **テ**ルミ イン ジャッ**ポー**ネ There are many hot springs in Japan.
日本の夏は蒸し暑いです。	Il Giappone è molto umido in estate. イル ジャッ**ポー**ネ エ **モ**ルト **ウー**ミド イン エス**ター**テ It is humid in summer in Japan.

149

基本単語を使いこなしましょう

数字、月、曜日や時間など、どんなときでも必要な基本的な単語は、
事前に覚えておくと旅行先でもとても便利ですよ。

数字

0	1	2	3	4
zero	uno	due	tre	quattro
ゼロ	ウーノ	ドゥエ	トレ	クアットロ
5	6	7	8	9
cinque	sei	sette	otto	nove
チンクエ	セイ	セッテ	オット	ノーヴェ
10	11	12	13	14
dieci	undici	dodichi	tredici	quattordici
ディエチ	ウンディチ	ドーディチ	トレーディチ	クアットロディチ
15	16	17	18	19
quindici	sedici	diciassette	diciotto	diciannove
クインディチ	セーディチ	ディチャセッテ	ディチョット	ディチャンノーヴェ
20	21	22	30	40
venti	ventuno	ventidue	trenta	quaranta
ヴェンティ	ヴェントゥーノ	ヴンティドゥエ	トレンタ	クアランタ
50	60	70	77	80
cinquanta	sessanta	settanta	settantasette	ottanta
チンクアンタ	セッサンタ	セッタンタ	セッタンタセッテ	オッタンタ
88	90	100	1000	10000
ottantotto	novanta	cento	mille	diecimila
オッタントット	ノヴァンタ	チェント	ミッレ	ディエチミーラ
10万	100万	2倍	3倍	
cento mila	un milione	doppio	triplo	
チェント ミーラ	ウン ミリオーネ	ドッピオ	トゥリプロ	

1番目の	2番目の	3番目の
primo	secondo	terzo
プリーモ	セコンド	テルツォ

150

イタリア語数字のきほん

◆ 21、31、…は母音が重なるのでventuno, trentuno, …となります。
◆ sessanta (60)とsettanta (70)は形が似ているので注意しましょう。
◆ 時間を表す数字の前には定冠詞のleを付けます。

月・季節

1月	2月	3月	4月
gennaio	febbraio	marzo	aprile
ジェンナイオ	フェブライオ	マルツォ	アプリーレ
5月	6月	7月	8月
maggio	giugno	luglio	agosto
マッジョ	ジュンニョ	ルーリオ	アゴスト
9月	10月	11月	12月
settembre	ottobre	novembre	dicembre
セッテンブレ	オットーブレ	ノヴェンブレ	ディチェンブレ
春	夏	秋	冬
primavera	estate	autunno	inverno
プリマヴェーラ	エスターテ	アウトゥンノ	インヴェルノ

日本には2月9日に帰ります。

Torno in Giappone il giono 9 di Febbraio.
トルノ イン ジャッポーネ イル ジョルノ ノーヴェ ディ フェブライオ
I'm going back to Japan on February 9 th.

曜日

日	月	火	水	木	金	土
domenica	lunedì	martedì	mercoledì	giovedì	venerdì	sabato
ドメーニカ	ルネディ	マルテディ	メルコレディ	ジョヴェディ	ヴェネルディ	サバト

平日	休日
giorno feriale	giorno festivo
ジョルノ フェリアーレ	ジョルノ フェスティーヴォ

今日[明日／昨日]は何曜日ですか？

Che giorno è oggi [è domani ／ era ieri] ?
ケ ジョルノ エ オッジ[エ ドマーニ／エラ イエーリ]
What day is it today [tommorow] ? [What day was it yesterday?]

今日[明日／昨日]は月曜日です。

Oggi è [Domani è ／ Ieri era] lunedì.
オッジ エ[ドマーニ エ／イエーリ エラ] ルネディ
It is Monday today [tommorow] . [It was Monday yesterday.]

151

基本単語を使いこなしましょう

時

朝	昼	夕	夜	午前
mattina	giorno	sera	notte	mattina
マッティーナ	ジョルノ	セーラ	ノッテ	マッティーナ

午後	昨日	今日	明日	あさって
pomeriggio	ieri	oggi	domani	dopodomani
ポメリッジョ	イエーリ	オッジ	ドマーニ	ドーポドマーニ

1日前	2日後	3番目の
un giorno fa	fra due giorni	terzo
ウン ジョルノ ファ	フラ ドゥエ ジョルニ	テルツオ

- -

時刻

時	分	時半	分前[後]
ora	minuto	mezzo／trenta	meno[dopo]
オラ	ミヌート	メッツォ／トレンタ	メーノ[ドーポ]

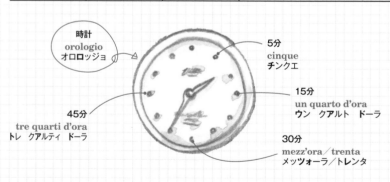

時計
orologio
オロロッジョ

5分
cinque
チンクエ

15分
un quarto d'ora
ウン クアルト ドーラ

45分
tre quarti d'ora
トレ クアルティ ドーラ

30分
mezz'ora／trenta
メッツォーラ／トレンタ

今何時ですか？	Che ora è adesso? ケ オラ エ アデッソ 🎵 What time is it now?
何時から始まりますか？	A che ora inizia? ア ケ オラ イニッツィア 🎵 What time does it begin?

152

8時20分	le otto e venti レ オット エ ヴェンティ eight twenty	昨日の11時	le undici di ieri レ ウンディチ ディ イエーリ yesterday at eleven
9時半	le nove e mezzo レ ノーヴェ エ メッツォ nine thirty	10時5分前	le dieci meno cinque レ ディエチ メーノ チンクエ five to ten
午前11時	le undici di mattina レ ウンディチ ディ マッティーナ eleven a.m.	15分後	quindici minuti dopo クインディチ ドーポ fifteen minutes later

計量の単位のちがい

● 長さ

メートル	インチ	フィート	ヤード	マイル
1	39.37	3.28	1.094	0.00062
0.025	1	0.083	0.028	0.0000158
0.305	12	1	0.333	0.000189
0.914	36	3	1	0.00057
1609.3	63360	5280	1760	1

● 重さ

グラム	キログラム	オンス	ポンド
1	0.001	0.035	0.002
1000	1	35.274	2.205
28.3495	0.028	1	0.0625
453.59	0.453	16	1

● 体積

cc	リットル	クオート	米ガロン
1	0.001	0.0011	0.00026
1000	1	1.056	0.264
946.36	0.946	1	0.25
3785.4	3.785	4	1

● 速さ

キロ	マイル	ノット	キロ	マイル	ノット
10	6.2	5.4	60	37.3	32.4
20	12.4	10.8	70	43.5	37.8
30	18.6	16.2	80	49.7	43.2
40	24.9	21.6	90	55.9	48.6
50	31.1	27.0	100	62.1	54.0

さくっと イタリア語講座

イタリア語には、名詞に男性形と女性形があったり、冠詞に変化があったりと、細かいことを覚えようとすればきりがありません。しかし、実際の観光旅行では難しい文法を駆使してコミュニケーションをとる必要はありません。必要なのはカタコトでもいいので、相手に自分の意思を伝えようとする気持ちと、ちょっとした度胸なのかもしれません。

1. イタリア語のアルファベット

●イタリア語で用いられるアルファベットは21文字です。それぞれ大文字と小文字があります。

Aa［ア］ Bb［ビ］ Cc［チ］ Dc［ディ］ Ee［エ］ Ff［エッフェ］ Gg［ジ］

Hh［アッカ］ Ii［イ］ Ll［エッレ］ Mm［エンメ］ Nn［エンネ］

Oo［オ］ Pp［ピ］ Qq［ク］ Rr［エッレ］ Ss［エッセ］ Tt［ティ］ Uu［ウ］

Vv［ヴ］ Zz［ジェータ］

●次のアルファベットは主に外来語を表記するために使われます。

Jj［イルンガ］　　Ww［ドッピァヴ］　　Yy［イプスィロン］

Kk［カッパ］　　Xx［イクス］

2. 会話のスタートは「疑問詞」です

誰かに何かをたずねたいときに便利な疑問詞を覚えましょう。

何	che cosa ケ コーザ	こうやって使います	これは何ですか？ 例 Che cos'è questo? ケ コーゼ クエスト
だれ	chi キ	こうやって使います	あの人はだれですか？ 例 Chi è quella persona? キ エ クエッラ ペルソーナ
なぜ	perché ペルケ	こうやって使います	それはなぜですか？ 例 Perché è così? ペルケ エ コズィ
どこ	dove ドーヴェ	こうやって使います	トイレはどこですか？ 例 Dov'è (Dove+è) il bagno? ドーヴェ イル バンニョ
どのくらい、いつ	quanto クアント	こうやって使います	いくらですか？ 例 Quanto costa? クアント コスタ
いつ	quando クアンド	こうやって使います	いつ出発ですか？ 例 Quando parte? クアンド パルテ

3. 3つの基本の文を覚えましょう

肯定文、疑問文、否定文の基本の文をマスターすれば、基本的な会話をすることができます。

1. ～です

語順の基本は英語と同じです
主語（「私は」、「あなたは」など）＋動詞（「～します」）＋目的語（「～を」）という語順が基本です。イタリア語では主語が省略されることが多いです。

例 Sono Hanako.（（私は）花子です。）　　　　Vado a Roma.（（私は）ローマに行きます。）
　　ソノ　ハナコ　　　　　　　　　　　　　　ヴァード　ア　ローマ

2. ～ですか

原則は文末に「？」をつけるだけです。
疑問文は文末に「？」をつけて、尻上がりに読むだけでOKです。疑問詞を使うときは、〈疑問詞＋動詞＋主語？〉という形にします。

例 Sei studentessa?（あなたは学生ですか？）
　　セイ　ストゥデンテッサ◗
　　Lei parla giapponese?（あなたは日本語を話せますか？）
　　レイ　パルラ　ジャッポネーゼ◗

3. ～では ありません

否定文は動詞の前に non を置きます。
否定文は活用している動詞の前にnonを置きます。

例 Non sono cinese.（（私は）中国人ではありません。）
　　ノン　ソノ　チネーゼ
　　Non ho tempo.（（私は）時間がありません。）
　　ノノ　テンポ

4. アレンジして話してみましょう

伝えたい内容のニュアンスを表現したり、意味を付け加えたりして、会話にアクセントをつけてみましょう。

Posso ～? ポッソ	～してもいいですか？

例 Posso fumare?（タバコを吸ってもいいですか？）
　　ポッソ　フマーレ◗

Può ～? プオ	～していただけますか？

例 Può ripetere, per favore?（もう一度言っていただけますか？）
　　プオ　リペテーレ　ペル　ファヴォーレ◗

ワンポイント　主語と動詞の関係をさらっとマスター

あまり難しく考えず、主語が変われば動詞も変化するんだな、ぐらいの認識で。

● **人称代名詞**
人称代名詞は「人」に使い、英語と同様1～3人称にそれぞれ単数と複数があります。

● **2人称単数は2種類**
相手が家族や友達などの親しい間柄の場合はtuを使いますが、目上の人や見知らぬ人の場合は、3人称単数の女性形Leiを使います。書くときには、文中でも常に大文字のLを使って区別します。

主語 ＼ 動詞	essere/エッセレ	avere/アヴェーレ
io/イオ (私は)	sono/ソノ	ho/オ
tu/トゥ (君は)	sei/セイ	hai/アイ
Lei/レイ (あなたは)	e/エ	ha/ア
lui/ルイ (彼は)	e/エ	ha/ア
lei/レイ (彼女は)		
noi/ノイ (私たちは)	siamo/スィアーモ	abbiamo/アッビアーモ
voi/ヴォイ (あなたたちは)	siete/スィエーテ	avete/アヴェーテ
loro/ローロ (彼 [彼女] らは)	sono/ソノ	hanno/アンノ

● 動詞essereは英語のbe動詞（～である）にあたり、avereは英語の動詞have（～を持っている）にあたります。

単語集 (和伊)

Giapponese ⟶ Italiano

あ		あいまいな	ambiguo アンビグオ	アクセル	acceleratore アッチェレラトーレ
アーケード	arcata アルカータ	アイロン	ferro da stiro フェッロ ダ スティーロ	あくび	sbadiglio ズバディッリョ
愛	amore アモーレ	アイロンを かける	stirare スティラーレ	開ける	aprire アプリーレ
合鍵	chiave comune キアーヴェ コムーネ	会う	incontrare インコントラーレ	あご	mascella マシェッラ
あいさつ	saluto サルート	合う	corrispondere コッリスポンデレ	(〜に) あこがれる	brama ブラーマ
合図	cenno チェンノ	アウトレット	stock house / outlet ストック ハウス / アウトゥレットゥ	朝	mattina マッティーナ
アイス クリーム	gelato ジェラート			麻	lino リーノ
アイスホッケー	hockey sul ghiaccio ホーケイ スル ギアッチョ	青い	blu ブル	明後日	dopodomani ドーポドマーニ
		青信号	semaforo verde セマーフォロ ヴェルデ	足	piede ピエーデ
(〜を) 愛する	amare アマーレ	赤い	rosso ロッソ	味	sapore サポーレ
空いている	libero リーベロ	明るい	chiaro キアーロ	アジア	Asia アーズィア
相手役	partner / compagno パルトナー / コンパーニョ	赤ん坊	bimbo ビンボ	足首	caviglia カヴィリア
		空き	vuoto ヴォート	アシスタント	assistente アッスィステンテ
アイディア	idea イデーア	秋	autunno アウトゥンノ	明日	domani ドマーニ
あいにく	purtroppo プルトロッポ	空き部屋	camera libera カーメラ リーベラ	明日の午後	domani pomeriggio ドマニ ポメリッジョ
相部屋	divisione della camera ディヴィジィオーネ デッラ カーメラ	握手する	stringere la mano ストリンジェレ ラ マーノ	明日の晩	domani notte ドマニ ノッテ
合間	intervallo インテルヴァッロ	アクセサリー	accessori アッチェッソーリ	明日の夕方	domani sera ドマニ セーラ

足元灯	guide luminose グイーデ ルミノーゼ
預かる	prendere in consegna プレンデレ イン コンセーニャ
預け入れ手荷物引換証	ricevuta di deposito bagagli リチェヴータ ディ デポージット バガッリ
預け入れ荷物	bagagli バガッリ
アスピリン	aspirina アスピリーナ
汗	sudore スドーレ
遊ぶ	giocare ジョカーレ
暖かい	caldo カルド
アダプター	adattatore アダッタトーレ
頭	testa テスタ
頭金	anticipo アンティーチポ
新しい	nuovo ヌオーヴォ
あちら(向こう)側	lì リ
暑い	caldo カルド
熱い	caldo カルド
扱う	trattare トラッターレ
宛先	destinazione デスティナッツィオーネ
穴	buco ブーコ
アナウンサー	speaker スピーケル

アナウンス	annuncio アヌンチョ
アニメ	cartoni animati カルトーニ アニマーティ
アパート	appartamento アパルタメント
アフターサービス	servizio assistenza セルヴィツィオ アシステンツァ
油絵	pittura ad olio ピットゥーラ アド オリーオ
アフリカ	Africa アフリカ
アプリケーション	applicazione アップリカッツィオーネ
甘い	dolce ドルチェ
あまり(それほど)	non molto ノン モルト
あまり高くない	non molto caro ノン モルト カーロ
網	rete レーテ
編物	lavoro a maglia ラヴォーロ ア マッリア
あめ	caramella カラメッラ
雨	pioggia ピオッジャ
アメリカ	America アメーリカ
怪しい	sospetto ソスペット
洗う	lavare ラヴァーレ
嵐	tempesta テンペスタ
争う	battagliare バッタッリアーレ

歩く	camminare カンミナーレ
アルコール	alcol アルコール
アルバイト	lavoro part time ラヴォーロ パート タイム
アルバム	album アルブム
アレルギー	allergia アッレルジーア
アレルギーの	allergico アッレルジコ
暗証番号	numero di codice ヌーメロ ディ コーディチェ
安全	sicurezza シクレッツァ
安全な	sicuro シクーロ
案内	guida グイーダ
案内所	ufficio informazioni ウッフィーチョ インフォルマッツィオーニ
案内人	guida グイーダ

い

言う	dire ディーレ
家	casa カーザ
医学	medicina メディチーナ
息	alito アーリト
～行き	～per ～ベル
行き先	destinazione デスティナッツィオーネ

157

行き止まり	strada senza uscita ストラーダ　センツァ　ウッシータ	委託する	depositare デポジターレ	1個	uno / una ウーノ / ウーナ
生き物	esseri viventi エッセリ　ヴィヴェンティ	痛み	dolore ドローレ	一式	un assortimento ウン　アッソルティメント
イギリス	Inghilterra インギルテッラ	痛む	sentire dolore センティーレ　ドローレ	一緒に	insieme インシエーメ
息を吸う	respirare レスピラーレ	イタリア	Italia イターリア	一対	un paio ウン　パイオ
池	stagno スタンニョ	位置	posizione ポジッツィオーネ	いつでも	in qualunque momento イン　クアルンクエ　モメント
胃けいれん	spasmo gastrico スパズモ　ガーストリコ	一時預かり所	deposito bagagli デポージット　バガッリ	1等	prima classe プリマ　クラッセ
意見	opinione オピニオーネ	一時停止	stop ストップ	1杯	un bicchiere ウン　ビッキエーレ
囲碁	gioco del go ジョーコ　デル　ゴ	1日	un giorno ウン　ジョルノ	一般的な	generale ジェネラーレ
居酒屋	taverna タヴェルナ	1日券	biglietto giornaliero ビリエット　ジョルナリエーロ	一品料理	piatto à la carte ピアット　ア　ラ　カルト
意識が無い	coma コーマ	1日の	di una giornata ディ　ウナ　ジョルナータ	一方通行	senso unico センソ　ウーニコ
遺失物取扱所	ufficio oggetti smarriti ウッフィーチョ　オジェッティ　ズッマリーティ	市場	mercato メルカート	いつも	sempre センプレ
医者	medico メーディコ	1枚	uno / una ウーノ / ウーナ	糸	filo フィーロ
衣装	costume コストゥーメ	1ユーロ硬貨	moneta da un euro モネータ　ダ　ウネウロ	いとこ	cugino クッジーノ
異常な	anormale アノルマーレ	胃腸薬	medicina per lo stomaco メディチーナ　ペル　ロ　ストーマコ	田舎	campagna カンパンニャ
いす	sedia セーディア	いつ	quando クアンド	犬	cane カーネ
遺跡	rovine ロヴィーネ	胃痛	mal di stomaco マル　ディ　ストーマコ	今	adesso アデッソ
忙しい	occupato オクパート	1階	piano terra ピアノ　テッラ	イヤホン	cuffie クッフィエ
急ぐ	avere fretta アヴェーレ　フレッタ	1階席（劇場などでの）	platea プラテーア	イヤリング	orecchini オレッキーニ
板	asse アッセ			いらいらする	irritarsi イッリタルスィ

基本会話

見どころ

グルメ

ショッピング

エンタメ

ビューティ

ホテル

乗りもの

基本情報

単語集

入口	entrata エントラータ		ウエイトレス	cameriera カメリエーラ
炒り卵	uova strapazzate ウォーヴァ ストラッパッザーテ		ウエスト	vita ヴィータ
衣料品	abbigliamento アッビリアメント		上の	superiore スーペリオーレ
色	colore コローレ		上の階	piano superiore ピアノ スーペリオーレ
岩	roccia ロッチャ		ウォーキング	walking ウォーキング
インク	inchiostro インキオーストロ		ウォッカ	vodka ウォドゥカ
印刷物	stampati スタンパーティ		浮き袋	salvagente サルヴァジェンテ
飲酒	bevuta ベヴータ		受け入れる	accettare アッチェターレ
飲食代	costo del ristorante コスト デル リストランテ		受付	reception レセプション
インスタントコーヒー	caffè solubile カッフェ ソルビーレ		受取人	destinatario デスティナターリオ
インスタント食品	cibi in polvere チービ イン ポールヴェレ		受け取る	ricevere リチェーヴェレ
インターネット	internet インテルネット		失う	perdere ペルデレ
インターン	stage スタジュ		後ろ	dietro ディエトロ
インドネシア	Indonesia インドネーズィア		薄い	sottile ソッティーレ
インフルエンザ	influenza インフルエンツァ		薄い色	colore chiaro コローレ キアーロ

う

			右折	svolta a destra スヴォルタ ア デーストゥラ
ウイスキー	whisky ウィスキー		うそ	bugia ブジーア
ウインカー	freccia フレッチャ		歌	canzone カンツォーネ
上	sopra ソープラ		歌う	cantare カンターレ
ウエイター	cameriere カメリエーレ		宇宙	universo ウニヴェルソ

宇宙ステーション	laboratorio spaziale ラボラトーリオ スパツィアーレ
宇宙飛行士	astronauta アストロナウタ
美しい	bello ベッロ
腕時計	orologio オロロッジョ
うとうとする	sonnecchiare ソンネッキアーレ
馬	cavallo カバッロ
うまい(美味)	buono ブォーノ
海	mare マーレ
海側の	sul mare スル マーレ
売り切れ	esaurito エザウリート
うるさい	rumoroso ルモローゾ
うれしい	felice フェリーチェ
上着	giacca ジャッカ
運賃	prezzo del trasporto プレッツォ デル トラスポルト
運転手	autista アウティスタ
運転免許証	patente di guida パテンテ ディ グイーダ
運動靴	scarpe da ginnastica スカルペ ダ ジンナースティカ

え

絵	quadro クアードロ

エアコン	condizionatore d'aria コンディツィオナトーレ ダーリア
エアコン付き	con l'aria condizionata コン ラーリア コンディツィオナータ
映画	film フェルム
映画館	cinema チーネマ
営業時間	ora d'apertura オーラ ダペルトゥーラ
営業中	aperto アペルト
英語	inglese イングレーゼ
衛兵	guardia グアールディア
栄養	nutrizione ヌトリツィオーネ
描く	dipingere ディピンジェレ
駅	stazione スタツィオーネ
駅員	ferroviere フェッロヴィエーレ
エキストラベッド	letto extra レット エクストラ
駅で	alla stazione アッラ スッタツィオーネ
エコノミークラス	classe economica クラッセ エコノーミカ
エコノミークラスの席	posto in classe economica ポスト イン クラッセ エコノーミカ
エスカレーター	scala mobile スカラ モービレ
エステ	centro estetico チェントロ エステティコ

絵はがき	cartolina カルトリーナ
エビ	scampo スカンポ
選ぶ	scegliere シェリエレ
えり	colletto コレット
エレベーター	ascensore アッシェンソーレ
エンジニア	ingegnere インジェニェーレ
炎症	infiammazione インフィアンマッツィオーネ
エンジン	motore モトーレ
演奏会	concerto コンチェルト
延長	allungamento アッルンガメント
エンドースメント（乗機変更承認）	approvazione アップロヴァツィオーネ
煙突	camino カミーノ
鉛筆	matita マティータ

お

甥	nipote ニポーテ
おいしい	buono ブォーノ
置いていく	lasciare ラッシャーレ
オイル	olio オーリオ
お祝い	celebrazione チェレブラッツィオーネ

応援する	tifare ティファーレ
応急処置	prime cure プリメ クーレ
嘔吐袋	sacchetto igienico サケット イジェーニコ
往復	andata e ritorno アンダータ エ リトルノ
往復切符	biglietto di andata e ritorno ビリエット ディ アンダータ エ リトルノ
大型車	macchina grande マッキナ グランデ
大きい	grande グランデ
大きさ	grandezza グランデッツァ
大きな	grande グランデ
オーケストラ	orchestra オルケーストラ
大道具	apparato scenico アパラート シェーニコ
大通り	strada principale ストラーダ プリンチパーレ
オーストラリア	Australia アウストラーリア
オーストリア	Austria アウストリア
オートマティック車	macchina con cambio automatico マッキナ コン カンビオ アウトマーティコ
オートロック	apertura automatica アペルトゥーラ アウトマーティカ
丘	collina コッリーナ

基本会話

見どころ

グルメ

ショッピング

エンタメ

ビューティ

ホテル

乗りもの

基本情報

単語集

小川	ruscello ルシェロ
置き時計	orologio オロロッジョ
起きる	alzarsi アルツァルシ
奥	fondo フォンド
送り迎え	accompagnare e riprendere アッコンパニャーレ　エ　リプレンデレ
贈り物	regalo レガーロ
送る	spedire スペディーレ
遅れる	arrivare in ritardo アリヴァーレ　イン　リタルド
怒った	arrabbiato アラビアート
おじいさん (祖父)	nonno ノンノ
おじいさん (老人の男性)	vecchio ヴェッキオ
おじさん (叔父,伯父)	zio ツィーオ
おじさん (呼びかけ)	signore シニョーレ
押す	spingere スピンジェレ
オセアニア	Oceania オチェアーニア
お宅	casa カーザ
落ち込む	depresso デプレッソ
夫	marito マリート
おつり	resto レスト

音	suono スオーノ
男 / 男の	uomo ウォーモ
男の子	ragazzo ラガッツォ
落とす	fare cadere ファーレ　カデーレ
おととい	l'altro ieri ラルトロ　イエーリ
大人	adulto アドゥルト
踊り	ballo バッロ
踊る	ballare バッラーレ
驚く	sorprendersi ソルプレンデルシ
同じ	uguale ウグアーレ
おばあさん (祖母)	nonna ノンナ
おばあさん (呼びかけ)	signora シニョーラ
おばさん (叔母)	zia ツィーア
おばさん (呼びかけ)	signora シニョーラ
オペラ	opera オーペラ
覚えている	ricordarsi リコルダールシ
覚える	ricordare リコルダーレ
おみやげ	regalo レガーロ
おみやげ店	negozio di articoli di souvenir ネゴッツィオ　ディ　アルティーコリ　ディ　スーヴェニール

重い	pesante ペザンテ
思い出	memoria メモーリア
重さ	peso ペーゾ
おもちゃ	giocattolo ジョカットロ
おもちゃ店	negozio di giocattoli ネゴッツィオ　ディ　ジョカットリ
親	genitori ジェニトーリ
親指	pollice ポッリチェ
お湯	acqua calda アックア　カルダ
泳ぐ	nuotare ヌオターレ
折り返し電話する	richiamare リキアマーレ
オリジナルギフト	regalo originale レガーロ　オリジナーレ
降りる	scendere シェンデレ
オリンピック	olimpiadi オリンピーアディ
オルガン	organo オルガノ
オレンジ	arancia アランチャ
終わる	finire フィニーレ
音楽	musica ムージカ
音楽祭	festival della musica フェスティヴァル　デッラ　ムーズィカ
温泉	terme テルメ

161

温度計	termometro テルモーメトロ		会計	conto コント		帰る	tornare トルナーレ
女 / 女の	donna ドンナ		外国人	straniero ストラニエーロ		変える	cambiare カンビアーレ
女の子	ragazza ラガッツァ		改札口	controllo biglietti コントロッロ ビリエッティ		顔	faccia ファッチャ
か			会社員	impiegato インピエガート		顔のお手入れ	trattamento viso トラッタメント ヴィーゾ
ガーゼ	garza ガールザ		海水浴	bagno a mare バンニョ ア マーレ		香り	profumo プロフーモ
カーテン	tenda テンダ		回数券	blocchetto di biglietti ブロッケット ディ ビリエッティ		画家	pittore ピットーレ
カート	carrello カッレッロ		快晴	bel tempo ベル テンポ		価格	prezzo プレッツォ
カーペット	tappeto タッペート		階段	scala mobile スカラ モービレ		鏡	specchio スペッキオ
貝	mollusco モルースコ		懐中電灯	lampadina ランパディーナ		係員	incaricato インカリカート
会員証	tessera di socio テッセラ ディ ソーチョ		快適な	comodo コモド		鍵	chiave キアーヴェ
絵画	pittura ピットゥーラ		開店時間	ora d'apertura オーラ ダペルトゥーラ		書留	posta raccomandata ポスタ ラコマンダータ
外貨	valuta estera ヴァルータ エステラ		ガイド付きツアー	gita con guida ジータ コン グイーダ		書きとめる	prendere nota di プレンデレ ノータ ディ
海外旅行	viaggio all'estero ヴィアッジオ アレステロ		ガイドブック	guida turistica グイーダ トゥリスティカ		書く	scrivere スクリーヴェレ
外貨交換証明書	ricevuta per cambio di denaro estero リチェヴータ ベル カンビオ ディ デナーロ エステロ		ガイド料	prezzo della guida プレッツォ デッラ グイーダ		家具	mobile モービレ
海岸	spiaggia スピアッジャ		買い物	spesa スペーザ		学生	studente / studentessa ストゥデンテ / ストゥデンテッサ
開館時間	orario di apertura オラーリオ ディ アペルトゥーラ		街路	via ヴィア		学生証	tessera studentesca テッセラ ストゥデンテスカ
会議	riunione リウニオーネ		会話	conversazione コンヴェルサッツィオーネ		拡大する	ingrandire イングランディーレ
海峡	stretto ストレット		買う	comprare コンプラーレ		カクテル	cocktail コックテル
			カウンター	bancone バンコーネ			

家具店	negozio di arredamento ネゴッツィオ ディ アッレダメント
確認	conferma コンフェールマ
確認する	confermare コンフェルマーレ
掛け金	rata ラータ
賭ける	puntare プンターレ
過激な	intemperante インテンペランテ
かご	cesto チェスト
傘	ombrello オンブレッロ
火山	vulcano ブルカーノ
火事	incendio インチェンディオ
家事	lavori di casa ラヴォーリ ディ カーザ
カジノ	casinò カジノ
歌手	cantante カンタンテ
カジュアルな	casual ケージュアル
数	numero ヌメロ
ガス欠	senza benzina センツァ ベンジィーナ
風	vento ヴェント
風邪	raffreddore ラフレッドーレ
課税	tassazione タッサッツィオーネ

風が吹く	tirare vento ティラーレ ヴェント
風邪薬	medicina contro il raffreddore メディチーナ コントロ イル ラッフレッドーレ
画像	immagine インマージネ
家族	famiglia ファミーリア
ガソリン	benzina ベンジィーナ
ガソリンスタンド	distributore di benzina ディストゥリブトーレ ディ ベンジィーナ
ガソリンポンプ	pompa di benzina ポンパ ディ ベンジィーナ
固い	duro ドゥーロ
形	forma フォールマ
片道	andata アンダータ
片道切符	biglietto di solo andata ビリエット ディ ソーロ アンダータ
カタログ	catalogo カターロゴ
花壇	aiuola アイウォーラ
課長	capoufficio カッポウッフィーチョ
楽器店	negozio di strumenti musicali ネゴッツィオ ディ ストゥルメンティ ムジィカーリ
学校	scuola スクオーラ
家庭	famiglia ファミーリア

家庭教師	aio アイオ
角	angolo アンゴロ
悲しい	triste トゥリステ
金物店	negozio di ferramenta ネゴッツィオ ディ フェッラメンタ
金(お金)	denaro デナーロ
可能性	possibilità ポッシビリタ
カバーチャージ	coperto コペルト
かばん	borsa ボルサ
花瓶	vaso di fiori ヴァーゾ ディ フィオーリ
カフェ	bar バール
カフェテリア	bar バール
花粉症	allergia al polline アッレルジーア アル ポッリネ
壁	muro ムーロ
壁紙	carta da parati カルタ ダ パラーティ
カボチャ	zucca ズッカ
紙	carta カルタ
神	Dio ディーオ
髪	capello カペッロ
紙おむつ	pannolino di carta パンノリーノ ディ カルタ

紙コップ	bicchiere di carta ビッキエーレ ディ カルタ	借りる（乗り物）	noleggiare ノレジャーレ	観光案内所	ufficio informazioni turistiche ウッフィーチォ インフォルマッツィオーニ トゥーリスティケ
かみそり	rasoio ラソーイオ	借りる（部屋）	affittare アッフィターレ	観光クルーズ	imbarcazione per gite turistiche インバルカツィオーネ ベル ジーテ トゥリースティケ
紙タオル	asciugamano di carta アッシュガマーノ ディ カルタ	軽い	leggero レッジェーロ	観光地	zona turistica ゾーナ トゥーリスティカ
雷	tuono トゥオーノ	カレンダー	calendario カレンダーリオ	観光ツアー	gita turistica ジータ トゥリースティカ
紙袋	sacchetto di carta サッケット ディ カルタ	過労	sovraffaticamento ソヴラファティカメント	観光バス	pullman per gite turistiche ブルマン ベル ジーテ トゥリースティケ
亀	tartaruga タルタルーガ	画廊	galleria d'arte ガッレリア ダルテ	観光パンフレット	opuscolo di informazioni turistiche オブースコロ ディ インフォルマッツィオーニ トゥーリスティケ
仮面	maschera マスケラ	革	pelle ペッレ	看護師	infermiere インフェルミエーレ
ガム	gomma ゴンマ	川	fiume フィーウメ	患者	paziente パツィエンテ
カメラ	macchina fotografica マッキナ フォトグラーフィカ	かわいい	carino カリーノ	感謝する	ringraziare リングラツィアーレ
カメラ店	negozio di materiale fotografico ネゴッツィオ ディ マテリアーレ フォトグラーフィコ	乾く	asciugarsi アッシュガルスィ	勘定	conto コント
かゆい	pruriginoso プルリジノーゾ	為替レート	cambio カンビオ	勘定書	bolletta ボレッタ
カラーフィルム	rullino a colori ルッリーノ ア コローリ	革のジャケット	giacca di pelle ジャッカ ディ ペッレ	歓声	grido di gioia グリード ディ ジョーイア
辛い	piccante ピカンテ	眼科医	oculista オクリースタ	関税	dazio doganale ダッツィオ ドガナーレ
カラオケ	karaoke カラオケ	環境	ambiente アンビエンテ	乾燥肌	pelle secca ペッレ セッカ
ガラス	vetro ヴェートロ	環境破壊	distruzione dell'ambiente ディストゥルツィオーネ デッランビエンテ	簡単な	semplice センプリチェ
体	corpo コルポ	缶切り	apriscatole アプリスカートレ	缶詰	scatola スカートラ
空の	vuoto ヴォート	管弦楽団	orchestra オルケーストラ		
		観光	turismo トゥリズモ		

乾電池	batteria a secco バッテリーア　ア　セッコ
監督	sorveglianza ソルヴェッリャンツァ
館内図	pianta d'edificio ピアンタ デディフィーチョ
館内電話	telefono interno テレーフォノ　インテールノ
乾杯	brindisi ブリンディジ
漢方薬	farmaco della medicina cinese ファルマコ　デッラ メディチーナ　チネーゼ
管理	controllo コントロッロ
管理人	portinaio ポルティナーイオ

き

キーボード	tastiera タスティエーラ
キーホルダー	portachiavi ポルタキアーヴィ
黄色	giallo ジャッロ
気温	temperatura テンペラトゥーラ
機械	macchina マッキナ
着替える	cambiarsi カンビアルスィ
期間	periodo ペリーオド
気管支炎	bronchite ブロンキーテ
貴金属	metallo prezioso メタッロ　プレツィオーゾ
聞く	sentire センティーレ

喜劇	commedia コンメーディア
危険	pericolo ペリーコロ
気候	clima クリーマ
記事	articolo アルティーコロ
生地	tessuto テッスート
技師	ingegnere インジェニエーレ
議事堂	Palazzo del Parlamento パラッツォ　デル パルラメント
技術	tecnica テックニカ
傷	ferita フェリータ
季節	stagione スタジョーネ
規則	regola レーゴラ
北	nord ノルドゥ
ギター	chitarra キタッラ
汚い	sporco スポルコ
機長	comandante コマンダンテ
貴重品	oggetto di valore オジェット　ディ ヴァローレ
きつい	stretto ストレット
喫煙	fumo フーモ
喫煙所	dove si fuma ドヴェ　シ　フーマ

喫煙席	posto fumatori ポスト　フマトーリ
喫茶店 （カフェ）	sala da tè サラ　ダ　テ
喫茶店 （バー）	bar バール
キッチン	cucina クチーナ
切手	francobollo フランコボッロ
切手代	affrancatura アッフランカトゥーラ
切符	biglietto ビリエット
切符売場	biglietteria ビリエッテリーア
切符 自動販売機	distributore di biglietto ディストリブトーレ ディ　ビリエット
機内食	pasto a bordo パスト　ア　ボルド
機内持ち込み手荷物	bagaglio a mano バッガリオ　ア　マーノ
気に入る	piacere ピアチェーレ
絹（シルク）	seta セータ
記念切手	francobollo commemorativo フランコボッロ コンメモラティーヴォ
記念碑	monumento モヌメント
記念品	ricordo リコルド
昨日	ieri イエーリ
寄付	contributo コントリブート
決める	decidere デチーデレ

日本語	イタリア語	日本語	イタリア語	日本語	イタリア語
気持ちが悪い	sentirsi male センティールシ マーレ	今日	oggi オッジ	嫌い	detestabile デテスターピレ
客	ospite オスピテ	教育	educazione エドゥカッツィオーネ	霧	nebbia ネッビア
客船	nave passeggeri ナーヴェ パッセジェーリ	教会	chiesa キエーザ	キリキリ痛む	dolore acuto ドローレ アクート
キャバレー	cabaret カバレ	教科書	testo テスト	着る	vestirsi ヴェスティールシ
キャミソール	canottiera カノッティエーラ	競技場	stadio スターディオ	きれい	bellezza ベッレッツァ
キャンセル	annullamento アッヌラメント	教師	insegnante インセニャンテ	きれいな	bello ベッロ
キャンセルする	cancellare カンチェラーレ	教室	aula アウラ	記録	registrazione レジストラツィオーネ
キャンセル待ち	in lista d'attesa イン リスタ ダッテーザ	兄弟	fratello フラテッロ	禁煙	non fumatori ノン フマトーリ
休暇	vacanza ヴァカンツァ	共同シャワー	doccia comune ドッチャ コムーネ	禁煙車	vagone non fumatori ヴァゴーネ ノン フマトーリ
救急車	ambulanza アンブランツァ	共同トイレ	bagno comune バンニョ コムーネ	禁煙席	tavolo non fumatori ターヴォロ ノン フマトーリ
休憩室	sala da riposo サラ ダ リポーゾ	共同浴場	terme テルメ	金額	somma di denaro ソンマ ディ デナーロ
急行料金	tariffa per treno rapido タリッファ ペル トレーノ ラーピド	郷土料理	cucina locale クチーナ ロカーレ	緊急	urgenza ウルジェンツァ
休日	giorno di riposo ジョルノ ディ リポーゾ	今日	oggi オッジ	緊急の	urgente ウルジェンテ
旧跡	luoghi storici ルオーギ ストーリチ	今日の午後	questo pomeriggio クエスト ポメリッジョ	金庫	cassaforte カッサフォルテ
宮殿	palazzo パラッツォ	今日の午前	stamattina スタマッティーナ	銀行	banca バンカ
牛肉	carne di manzo カルネ ディ マンツォ	許可	permesso ペルメッソ	銀行員	impiegato di banca インピエガート ディ バンカ
牛乳	latte ラッテ	興味深い	interessante インテレッサンテ	禁止	divieto ディヴィエート
救命胴衣	giubbotto di salvataggio ジュボット ディ サルヴァタッジョ	居住者	residente レジデンテ	筋肉	muscolo ムースコロ
給料	stipendio スティペンディオ	去年	anno scorso アンノ スコルソ	金の	d'oro ドーロ
		距離	distanza ディスタンツァ		

166

日本語	イタリア語		日本語	イタリア語		日本語	イタリア語
銀の	d'argento ダルジェント		苦情	lamentela ラメンテーラ		クラブ	circolo チルコロ
勤務外	non lavoro ノン ラヴォーロ		くずかご	cestino チェスティーノ		クラブミュージック	musica club ムズィカ クラブ

く

			薬	medicina メディチーナ		グラム	grammo グランモ
グアム	Guam グワム		果物	frutta フルッタ		クリーニング	lavaggio ラヴァッジョ
空気	aria アーリア		口当たりの良い	gradevole グラデーヴォレ		クリーニング代	prezzo della lavanderia プレッツォ デッラ ラヴァンデリーア
空港	aeroporto アエロポールト		口紅	rossetto ロッセート			
空港税	tasse di aeroporto タッセ ディ アエロポールト		靴	scarpe スカルペ		クリスマス	Natale ナターレ
空車（タクシー）	taxi libero タクシー リーベロ		靴下	calze カルツェ		クリック	clic クリック
空席	posto libero ポスト リーベロ		靴店	negozio di calzature ネゴッツィオ ディ カルツァトゥーレ		クルーズ	crociera クロチェーラ
偶然に	per caso ペル カーゾ		靴ひも	stringa ストゥリンガ		車	automobile アウトモービレ
空腹	fame ファーメ		国	paese パエーゼ		車椅子	sedia a rotelle セーディア ア ロテッレ
空腹である	avere fame アヴェーレ ファーメ		首	collo コッロ		車椅子用トイレ	bagno per handicappati バンニョ ペル ハンディカッパーティ
クーポン	coupon クーポン		区分	divisione ディヴィジィオーネ			
区間	tratto トラット		雲	nuvola ヌーヴォラ		クレイムタッグ(荷物預かり証)	etichetta del bagaglio エティケッタ デル バガッリオ
釘	chiodo キオード		曇り	nuvoloso ヌヴォローゾ			
臭い	puzzolente プッツォレンテ		悔しい	mortificante モルティフィカンテ		クレジットカード	carta di credito カルタ ディ クレーディト
鎖	catena カテーナ		暗い	scuro スクーロ		クロアチア	Croazia クロアッツィア
腐る	marcire マルチーレ		クラシック音楽	musica classica ムージィカ クラッシカ		黒い	nero ネーロ
くし	pettine ペッティネ		クラス	classe クラッセ		クローク	guardaroba グアルダローバ
くしゃみ	starnuto スタッルヌート		グラス	bicchiere ビッキエーレ		クロワッサン	cornetto コルネット

け

計画	progetto プロジェット
敬語	espressione onorifica エスプレッシオーネ オノリフィカ
経済	economia エコノミーア
経済学	scienze economiche シィエンツェ エコノミケ
警察	polizia / carabinieri ポリーツィア / カラビニエーリ
警察官	poliziotto ポリツィオット
警察署	questura クエストゥーラ
計算する	calcolare カルコラーレ
掲示板	quadro affisso クアードロ アフィッソ
芸術家	artista アルティースタ
軽食	pasto leggero パスト レッジェーロ
軽食堂	tavola calda ターヴォラ カルダ
携帯電話	cellulare / telefonino チェルラーレ / テレフォニーノ
芸能人	artista televisivo アルティースタ テレビジィーヴォ
警備員	guardia グワルディア
契約	contratto コントラット

契約書	documenti per contratto ドクメンティ ペル コントラット
ケーブルカー	funivia フニヴィーア
ゲーム	partita パルティータ
毛織物	tessuto di lana テッスート ディ ラーナ
けが	ferita フェリータ
外科医	chirurgo キルルーゴ
毛皮	pelliccia ペリッチャ
ケガをした	ferito フェリート
劇場	teatro テアートロ
下剤	purga プールガ
景色	panorama パノラーマ
化粧水	lozione idratante ロツィオーネ イドラタンテ
化粧品	cosmetici コズメーティチ
化粧品会社	industria di cosmetici インドゥストリーア ディ コズメーティチ
ケチャップ	ketchup ケイチャップ
血圧	pressione del sangue プレッシオーネ デル サングエ
血液	sangue サングエ
血液型	gruppo sanguigno グルッポ サングイーニョ

結婚	matrimonio マトリモーニオ
月食	eclissi lunare エクリシィ ルナーレ
解熱剤	antipiretico アンティピレーティコ
煙	fumo フーモ
下痢	diarrea ディアッレーア
下痢止め	antidiarroico アンティディアッローイコ
検疫	controllo sanitario コントロッロ サニターリオ
見学	visita ヴィズィタ
元気を出す	tirarsi su di morale ティラルシ ス ディ モラーレ
現金	contanti コンタンティ
健康	salute サルーテ
健康な	sano サーノ
検査	analisi アナーリジィ
検索する	consultare コンスルターレ
研修	addestramento / pratica アッデストゥラメント / プラティカ
検診	controllo medico コントロッロ メディコ
現像	fenomeno フェノーメノ
現代音楽	musica moderna ムーズィカ モデルナ

建築	costruzione コストゥルツィオーネ	合格	superamento di un esame スペラメント ディ ウン エザメ	広告	annuncio アヌンチョ
建築家	arichitetto アルキテット	硬貨投入口	fessura per le monete フェッスーラ ペル レ モネーテ	口座	conto コント
現地時間	ora locale オーラ ロカーレ			交差点	crocevia クロチェヴィーア
見物	visita ヴィジィタ	硬貨返却レバー	restituzione monete レスティトゥツィオーネ モネーテ	口座番号	numero di conto ヌーメロ ディ コント

こ

濃い	scuro スクーロ	交換	scambio スカンビオ	講師	professore プロフェッソーレ
コインロッカー	armadietto a gettoni アルマディエット ア ジェットーニ	交換手	operatore オペラトーレ	工事	costruzione コストゥルツィオーネ
		講義	conferenza コンフェレンツァ	工事中	lavori in corso ラヴォーリ イン コルソ
強引な	impetuoso インペトゥオーゾ	高級	di lusso / di alta classe ディ ルッソ / ディ アルタ クラッセ	公衆電話	telefono pubblico テレーフォノ プップリコ
豪雨	forte pioggia フォルテ ピオッジア			公衆トイレ	gabinetto pubblico ガビネット プップリコ
幸運な	fortunato フォルトゥナート	公共の	pubblico プッブリコ	交渉する	negoziare ネゴッツィアーレ
公園	parco パルコ	公共料金	tariffa dei servizi pubblici タリッファ デイ セルヴィッツィ プップリチ	香水	profumo プロフーモ
公演	spettacolo スペッターコロ			降雪	nevicata ネヴィカータ
公演中の	durante uno spettacolo ドゥランテ ウノ スペッターコロ	航空会社	compagnia コンパニーア	高層ビル	palazzo alto パラッツォ アルト
		航空券	biglietto aereo ビリエット アエーレオ	高速道路	autostrada アウトストラーダ
効果	effetto エフェット	航空便	posta aerea ポスタ アエーレア	紅茶	tè テ
硬貨(コイン)	moneta モネータ	合計	totale トターレ	交通事故	incidente stradale インチデンテ ストラダーレ
航海	navigazione ナヴィガツィオーネ	高血圧	alta pressione アルタ プレッシィオーネ	交通渋滞	traffico トラッフィコ
郊外	periferia ペリフェリーア	高原	altopiano アルトピアーノ	強盗	scassinatore スカッシナトーレ
工学	ingegneria インジェニェリーア	高校生	studente / studentessa di scuola superiore ストゥデンテ / ストゥデンテッサ ディ スクオラ スーペリオーレ	購入	acquisto アクイースト

公認両替商	cambiavalute ufficiale カンビアヴァルーテ ウフィチャーレ
後輩	collega più giovane コレッガ ピュ ジオヴァーネ
興奮する	eccitarsi エッチタルスィ
後方	dietro ディエートロ
後方の席	posto dietro ポスト ディエートロ
紅葉	foglie rosse d'autunno フォーリエ ロッセ ダウトゥンノ
合流	confluenza コンフルエンツァ
声	voce ヴォーチェ
コース	itinerario イティネラーリオ
コーデュロイ	velluto a coste ヴェッルート ア コステ
コート (テニスなどの)	campo カンポ
コート(服)	cappotto カッポット
コーヒー	caffè カッフェ
コーヒーショップ	bar バール
氷	ghiaccio ギアッチョ
凍る	ghiacciare ギアッチャーレ
コールボタン	pulsante per chiamare プルサンテ ペル キアマーレ

小型車	macchina piccola マッキナ ピッコラ
小切手	assegno アッセンニョ
国際	internazionale インテルナツィオナーレ
国際運転免許証	patente internazionale パテンテ インテルナツィオナーレ
国際線	voli internazionali ヴォーリ インテルナツィオナーリ
国際電話	telefonata internazionale テレフォナータ インテルナツィオナーレ
国産ビール	birra nazionale ビッラ ナツィオナーレ
国籍	nazionalità ナツィオナリタ
国道	strada statale ストラーダ スタターレ
国内線	voli nazionali ヴォーリ ナツィオナーリ
国内の	interno インテールノ
国立公園	parco nazionale パルコ ナツィオナーレ
国立の	nazionale ナツィオナーレ
ここ	qui / qua クイ / クア
午後	pomeriggio ポメリッジョ
心地よい	piacevole ピアチェーヴォレ
午後の便	voli di pomeriggio ヴォーリ ディ ポメリッジョ
腰	schiena スキエナ

個室	compartimento コンパルティメント
コショウ	pepe ペーペ
故障	guasto グアスト
故障する	guastarsi グアスタールシ
故障中	fuori servizio フオーリ セルヴィツィオ
個人用	uso personale ウーゾ ペルソナーレ
個性	personalità ペルソナリタ
小銭	spiccioli スピッチョリ
小銭	moneta モネータ
小銭入れ	portamonete ポルタモネーテ
午前	mattina マッティーナ
午前の便	voli di mattina ヴォーリ ディ マッティーナ
答える	rispondere リスポンデレ
国家	Stato / Nazione / Paese スタート / ナツィオーネ / パエーゼ
国旗	bandiera nazionale バンディエーラ ナツィオナーレ
国境	confine コンフィーネ
骨折	frattura フラットゥーラ
小包	pacco パッコ
骨董品	anticaglie アンティカーリエ

日本語	イタリア語	日本語	イタリア語	日本語	イタリア語
骨董品店	negozio di anticaglie ネゴッツィオ ディ アンティカーリエ	小麦	grano グラーノ	コンピューター・ウイルス	virus del computer ヴィルス デル コンピュテール
コットン	cotone コトーネ	小麦粉	farina ファリーナ		
コップ	bicchiere ビッキエーレ	米	riso リーゾ	サーカス	circo チールコ
小道具	attrezzeria アットレッツェリーア	ゴルフ	golf ゴルフ	サービス	servizio セルヴィツィオ
言葉	parola パローラ	ゴルフコース	campo da golf カンポ ダ ゴルフ	サービス料	prezzo del servizio プレッツォ デル セルヴィッツィオ
子供	bambino バンビーノ	ゴルフボール	pallina da golf パッリーナ ダ ゴルフ	サーフィン	surfing サールフィング
子供と一緒に	con bambini コン バンビーニ	コレクトコール	telefonata a carico テレフォナータ ア カーリコ	災害	disastro ディザァストロ
子供服	abbigliamento per bambini アビリアメント ベル バンビーニ	壊れ物	oggetto fragile オジェット フラージレ	再確認する	riconfermare リコンフェルマーレ
		壊れる	rompersi ロンペルスィ	再起動する	riavviare リアヴィッアーレ
子供料金	tariffa per bambini タリッファ ベル バンビーニ	今月	questo mese クエスト メーゼ	最近	ultimamente ウルティマメンテ
ことわる	rifiutare リフィウターレ	コンサート	concerto コンチェルト	サイクリング	ciclismo チクリズモ
粉	polvere ポルヴェレ	混雑	affollamento / pieno di gente アッフォラメント / ピエノ ディ ジェンテ	在庫	merce disponibile メルチェ ディスポニービレ
粉ミルク	latte in polvere ラッテ イン ポルヴェレ			最後の	finale フィナーレ
コネクティング・ルーム	camere comunicanti カーメラ コムニカンティ	コンシェルジュ	concierge コンシェルジュ	サイコロ	dadi ダーディ
コピー	copia コピア	今週	questa settimana クエスタ セッティマーナ	祭日	giorno festivo ジョルノ フェスティーヴォ
困る	essere in difficoltà エッセレ イン ディフィコルタ	コンセント	presa di corrente プレーザ ディ コッレンテ	材質	materiale マテリアーレ
		コンタクトレンズ	lente a contatto レンテ ア コンタット	最終目的地	destinazione finale デスティナツィオーネ フィナーレ
ごみ	spazzatura スパッツァトゥーラ	コンドーム	preservativo プレセルヴァティーヴォ		
		今晩	stasera スタセーラ		
ごみ箱	cestino per spazzatura チェスティーノ ベル スパッツァトゥーラ	コンビニエンスストア	piccolo supermercato ピッコロ スーベルメルカート	最終列車	ultimo treno ウルティモ トレーノ

さ

最小の	minimo ミーニモ	サクランボ	ciliegia チリエージャ	サマータイム	orario estivo オラーリオ エスティーヴォ
菜食主義者	vegetariano ヴェジェタリアーノ	酒	bevande ベヴァンデ	様々な	varie ヴァリエ
最初の	primo プリモ	差出人	mittente ミッテンテ	寒い	freddo フレッド
最新の	nuovissimo ノヴィッシモ	刺身	fettine di pesce crudo フェッティネ ディ ペッシェ クルード	寒気	brivido di freddo ブリヴィド ディ フレッド
サイズ	taglia タッリア			冷める	raffreddarsi ラッフレッダルシ
最前列	posto in prima fila ポスト イン プリマ フィーラ	座席	sedile セディーレ	皿	piatto ピアット
最大の	massimo マッシモ	座席番号	numero del sedile ヌーメロ デル セディーレ	サラダ	insalata インサラータ
最低料金	tariffa minima タリッファ ミーニマ	左折	svolta a sinistra ズヴォルタ ア スィニーストラ	猿	scimmia シンミア
再発行する	rilasciare リラッシャーレ	札入れ	portafoglio ポルタフォーリオ	さわやかな	fresco フレスコ
裁判	causa カウーザ	撮影	ripresa リプレーザ	三脚	treppiede トゥレピエーデ
財布	portafoglio ポルタフォーリオ	サッカー	calcio カルチョ	酸素マスク	maschera ad ossigeno マスケラ アッドッシージェノ
サイン	firma フィルマ	サックス	sassofono サッソーフォノ		
サウナ	sauna サウナ	雑貨店	negozio di generi vari ネゴッツィオ ディ ジェーネリ ヴァーリ	産地	zona produttrice ゾーナ プロドゥットリーチェ
探す・捜す	cercare チェルカーレ			サンドイッチ	tramezzino トラメッジィーノ
魚	pesce ペッシェ	雑誌	rivista リヴィスタ	サンバ	samba サンバ
酒店	enoteca エノテーカ	サテン	satin サテン	桟橋	pontile ポンティーレ
詐欺	frode フローデ	砂糖	zucchero ズッケロ	散髪	taglio dei capelli タッリオ デイ カペッリ
先払い	pagamento anticipato パガメント アンティチパート	茶道	cerimonia del tè チェリモーニア デル テ	散歩	passeggiata パッセッジャータ
		砂漠	deserto デゼルト		し
桜	ciliegio チリエージョ	(サッカーなどの)サポーター	tifoso ティフォーゾ	市	città チッタ

172

痔	emorroidi エモッロイディ	指揮者	direttore d'orchestra ディレットーレ ドルケストゥラ	静か	silenzio シレンツィオ
試合	partita パルティータ	至急	subito スービト	静かな	tranquillo トランクイッロ
仕上がる	essere finito エッセレ フィニート			静かに	tranquillamente トランクイッラメント
シーツ	lenzuolo レンツゥオーロ	刺激物	eccitante / stimolante エッチタンテ / スティモランテ	史跡	rovine ロヴィーネ
CD店	negozio di dischi ネゴッツィオ ディ ディスキ	試験	esame エザーメ	施設	istituto イスティトゥート
シートベルト	cintura di sicurezza チントゥーラ ディ シクレッツァ	事件	affare アッファーレ	自然	natura ナトゥーラ
寺院	tempio buddista テンピオ ブディッスタ	事故	incidente インチデンテ	下	sotto ソット
ジーンズ	jeans ジーンズ	時刻	ora オーラ	舌	lingua リングア
自営業	indipendente インディペンデンテ	時刻表	orario オラーリオ	下着	biancheria intima ビアンケリーア インティマ
ジェスチャー	gesto ジェスト	事故 証明書	documentazione dell'incidente ドクメンタッツィオーネ デッリンチデンテ	親しい	caro カーロ
支援	appoggio アッポッジョ	仕事	lavoro ラヴォーロ	下の	di sotto ディ ソット
塩	sale サーレ	時差	differenza di orario ディッフェレンツァ ディ オラーリオ	下の階	piano sotto ピアーノ ソット
塩辛い	salato サラート			試着室	camerino di prova カメリーノ ディ プローヴァ
歯科医	dentista デンティスタ	時差ボケ	differenza di fuso orario ディフェレンツァ ディ フーゾ オラーリオ	試着する	provare プロヴァーレ
市街	città チッタ	磁石	calamita カラミーテ	市庁舎	municipio ムニチーピオ
市街地図	mappa della città マッパ デッラ チッタ	刺繍	ricamo リカーモ	質	qualità クアリタ
市外通話	telefonata interurbana テレフォナータ インテルウルバーナ	辞書	dizionario / vocabolario ディツィオナーリオ / ヴォカボラーリオ	歯痛	mal di denti マル ディ デンティ
自画像	autoritratto アウトリトラット	地震	terremoto テッレモート	失業	disoccupazione ディスオックパッツィオーネ
時間	tempo テンポ			実際に	praticamente プラティカメンテ

湿度が高い	umido ウーミド	支配人	direttore ディレットーレ	車掌	capotreno カポトレーノ
湿度が低い	asciutto アッシュット	始発列車	primo treno プリーモ トレーノ	写真	fotografia フォトグラフィーア
失敗する	fallire ファリーレ	芝生	prato プラート	写真店	studio fotografico ストゥーディオ フォトグラーフィコ
湿布	compressa コンプレッサ	支払い	pagamento パガメント	ジャズ	musica jazz ムジィカ ジャッズ
質問	domanda ドマンダ	持病	malattia cronica マラッティーア クローニカ	ジャズクラブ	jazz club ジャッズ クラブ
質問する	fare una domanda ファーレ ウナ ドマンダ	紙幣	banconota バンコノータ	社長	presidente プレジデンテ
室料	prezzo della camera プレッツォ デッラ カーメラ	脂肪	grasso グラッソ	シャツ	camicia カミーチャ
指定席	posto riservato ポスト リセルヴァート	島	isola イーゾラ	(カメラの)シャッター	scatto スカット
自転車	bicicletta ビチクレッタ	姉妹	sorelle ソレッレ	車道	carreggiata カッレッジャータ
自動	automatico アウトマーティコ	閉まる・閉める	chiudere キウーデレ	ジャム	marmellata マルメッラータ
自動車	macchina マッキナ	シミ	macchia マッキア	車両	vagone ヴァゴーネ
自動販売機	distributore ディストリブトーレ	地味	semplice セーンプリチェ	シャワー	doccia ドッチャ
市内	città チッタ	ジム	palestra パレストラ	シャワー付き	con la doccia コン ラ ドッチャ
市内通話	telefono urbanao テレフォノ ウルバーノ	事務所	ufficio ウッフィーチョ	シャンプー	shampoo シャンポー
市内へ	a centro città ア チェントロ チッタ	湿った	umido ウーミド	州	regione レジョーネ
品切れ	esaurito エザウリート	地面	terreno テッラーノ	週	settimana セッティマーナ
品物	merce メルチェ	社会福祉	benessere sociale ベネッセレ ソチャーレ	銃	fucile フチーレ
市の中心部	centro città チェントロ チッタ	ジャガイモ	patata パタータ	自由	libertà リベルタ
芝居	rappresentazione teatrale ラップレゼンタッツィオーネ テアトラーレ	市役所	municipio ムニチーピオ	獣医	veterinario ヴェテリナーリオ
		蛇口	rubinetto ルビネット	習慣	convenzione コンヴェンツィオーネ

宗教	religione レリジョーネ	宿泊カード	modulo per registrazione モードゥロ ペル レジストラッツィオーネ	首都の	metropolitano メトロポリターノ
集合場所	luogo d'incontro ルーゴ ディンコントロ	宿泊客	cliente クリエンテ	主婦	casalinga カザリンガ
(～の) 収集	collezione di コッレツィオーネ ディ	手術	operazione / intervento オペラツィオーネ / インテルヴェント	趣味	hobby ホッビー
住所	indirizzo インディリッツォ			主役	protagonista プロタゴニスタ
就職	collocamento コッロカメント	首相	primo ministro プリモ ミニストロ	種類	genere ジェーネレ
ジュース	succo スッコ	主人公	protagonista プロタゴニスタ	受話器	ricevitore リチェヴィトーレ
自由席	posto libero ポスト リーベロ	(メールを) 受信する	ricevere リチェーヴェレ	準備	preparazione プレパラッツィオーネ
修正する	correggere コレッジェレ	出血する	perdere sangue ペルデレ サングエ	順路	percorso ペルコールソ
渋滞	traffico トラッフィコ			上演	rappresentazione ラップレゼンタッツィオーネ
終電	ultimo treno ウルティモ トレーノ	出国カード	documento di immigrazione ドクメント ディ イミグラツィオーネ		
充電する	ricaricare la batteria リカリカーレ ラ バッテリーア			ショウガ	zenzero ゼンゼロ
		出国税	imposta di emigrazione インポスタ ディ エミグラツィオーネ	紹介する	presentare プレゼンターレ
10ユーロ紙幣	carta da 10 euro カルタ ダ ディエチ エウロ	出身地	paese d'origine パエーゼ ドリージネ	正月	capodanno カポダンノ
柔道	judo ジュード			小学校	scuola elementare スクオーラ エレメンターレ
修理工場	autorimessa アウトリメッサ	出入国管理	controllo passaporti コントロッロ パッサポルティ		
修理する	riparare リパラーレ	出発	partenza パルテンツァ	消化不良	disturbo digestivo ディストゥルボ ディジェスティーヴォ
週末	fine settimana フィーネ セッティマーナ	出発時間	ora di partenza オーラ ディ パルテンツァ	乗客	passeggero パッセジェーロ
授業料	tasse scolastiche タッセ スコラスティケ			状況	situazione シトゥアッツィオーネ
塾	doposcuola ドポスクオーラ	出発する	partire パルティーレ	条件	condizione コンディツィオーネ
		出発ロビー	piano di partenza ピアーノ ディ パルテンツァ	証拠	testimonianza テスティモニアンツァ
祝日	giorno festivo ジョルノ フェスティーヴォ	出版社	casa editrice カーザ エディトリーチェ	正午	mezzogiorno メッツォジョルノ

詳細	dettaglio デッタリオ	照明	illuminazione イルミナツィオーネ	食料品店	negozio di alimentari ネゴッツィオ ディ アリメンターリ
錠剤	compressa コンプレッサ	正面スタンド	tribuna トゥリブーナ	食器	servizio da tavola セルヴィッツィオ ダ ターヴォラ
上司	boss ボス	常用薬	medicina giornaliera メディチーナ ジョルナリエーラ	食器店	negozio di articoli da tavola ネゴッツィオ ディ アルティコーリ ダ ターヴォラ
正直な	onesto オネスト	醤油	salsa di soia サルサ ディ ソーイア		
症状	sintomo シントモ	使用料	noleggio ノレッジョ	ショッピングセンター	centro commerciale チェントロ コンメルチャーレ
小説	romanzo ロマンゾ	ショー	spettacolo スペッターコロ	書店	libreria リブレリーア
乗船券	biglietto ビリエット	序曲	preludio プレルーディオ	処方箋	ricetta リチェッタ
肖像画	ritratto リトラット	ジョギング	jogging ジョッギン	署名	firma フィルマ
招待する	invitare インヴィターレ	食あたり	intossicazione alimentare イントッシカツィオーネ アリメンターレ	所有物	proprietà プロプリエタ
冗談	scherzo スケルツォ			書類	documento ドクメント
焼酎	distillato di riso ディスティラート ディ リーゾ	職業	lavoro ラヴォーロ	調べる	esaminare エザミナーレ
使用中	occupato オクパート	食事	pasto パスト	シリアル	cereale チェレアーレ
消毒液	disinfettante ディスインフェッタンテ	食堂	ristorante リストランテ	知る	sapere サペーレ
衝突	scontro スコントロ	食堂車	vagone ristorante ヴァゴーネ リストランテ	城	castello カステッロ
乗馬	equitazione エクイタッツィオーネ	職人	artigiano アルティジャーノ	白い	bianco ビアンコ
情報	informazioni インフォルマツィオーニ	職場	ufficio ウッフィーチョ	シワ	rughe ルーゲ
情報誌	rivista di informazione リヴィスタ ディ インフォルマツィオーネ	植物	piante ピアンテ	シンガポール	Singapore シンガポーレ
消防署	caserma dei vigili del fuoco カゼルマ デイ ヴィジリ デル フオーコ	植物園	giardino botanico ジャルディーノ ボターニコ	新刊	nuova pubblicazione ノーヴァ プブリカツィオーネ
		食欲	appetito アペティート		

基本会話
見どころ
グルメ
ショッピング
エンタメ
ビューティ
ホテル
乗りもの
基本情報
単語集

シングルルーム	camera singola カーメラ シンゴラ
信号	semaforo セマーフォロ
人口	popolazione ポポラッツィオーネ
人工の	artificiale アルティフィチャーレ
申告	dichiarazione ディキアラツィオーネ
申告書	modulo di dichiarazione モードゥロ ディ ディキアラッツィオーネ
申告する	dichiarare ディキアラーレ
新婚旅行	viaggio di nozze ヴィアッジョ ディ ノッツェ
診察	visita medica ヴィジィタ メディカ
真実	verità ヴェリタ
寝室	camera da letto カーメラ ダ レット
真珠	perla ペルラ
紳士用	per uomo ペル ウオーモ
親戚	parente パレンテ
親切	gentilezza ジェンティレッツァ
心臓	cuore クオーレ
寝台車	vagone letto ヴァゴーネ レット
寝台料金	supplemento per vagone letto スップレメント ペル ヴァゴーネ レット

診断書	certificato medico チェルティフィカート メーディコ
新年	anno nuovo アンノ ノーヴォ
新聞	giornale ジョルナーレ
じんましん	orticaria オルティカーリア
深夜	notte fonda ノッテ フォンダ
親友	amico intimo アミーコ インティモ
心理学	psicologia プシィコロジーア

す

酢	aceto アチェート
スイートルーム	suite スィートゥ
水泳	nuoto ヌオート
水彩画	acquerello アックエレッロ
水晶	cristallo クリスタッロ
推薦	raccomandazione ラコマンダッツィオーネ
水族館	acquario アックアーリオ
スイッチ	interruttore インテルットーレ
水筒	borraccia ボッラッチャ
水道	acquedotto アックエドット
睡眠不足	dormito poco ドルミート ポコ

睡眠薬	sonnifero ソンニッフェロ
スウェーデン	Svezia ズヴェッツィア
数字	cifra チーフラ
スーツ	abito completo アビト コンプレート
スーツケース	valigia ヴァリージャ
スーパーマーケット	supermercato スーペルメルカート
スカート	gonna ゴンナ
スカーフ	sciarpa シャルパ
スキー	sci シー
ズキズキ痛む	dolore lancinante ドローレ ランチナンテ
過ぎる	passare パッサーレ
すぐに	immediatamente イメディアッタメンテ
スケッチ禁止	non è permesso disegnare ノン エ ペルメッソ ディセニャーレ
スコアボード	tabellone del risultati タベッローネ デル リズルターティ
少し	un pò ウン ポ
寿司	polpette di riso / sushi ポルペッテ ディ リーゾ / スーシ
涼しい	fresco フレスコ
勧める	consigliare コンシリアーレ

スター	divo ディーヴォ		スポーツ	sport スポールトゥ		請求書	fattura ファットゥーラ
スタイル	stile スティーレ		スポーツ用品店	negozio di articoli sportivi ネゴッツィオ ディ アルティーコリ スポルティーヴィ		税金	tasse タッセ
スタンド	lampada ランパダ					清潔な	pulito プリート
頭痛	mal di testa マル ディ テスタ		ズボン	pantaloni パンタローニ		政治	politica ポリーティカ
すっぱい	aspro アースプロ		隅の席	tavolo ad angolo ターヴォロ アド アンゴロ		生鮮食品	derrate fresche デッラッテ フレスケ
ステージ	palco パールコ		住む	abitare アビターレ		正装	abito da cerimonia アビト ダ チェリモーニア
素敵な	meraviglioso メラヴィリオーゾ		すり	borseggiatore / trice ボルセッジャトーレ / トリーチェ		生年月日	data di nascita ダータ ディ ナッシタ
捨てる	buttare via ブッターレ ヴィア					制服	divisa ディヴィーザ
ストーブ	stufa ストゥーファ		スリッパ	ciabatte チャバッテ		性別	distinzione di sesso ディスティンツィオーネ ディ セッソ
ストッキング	calze カルツェ		スリル	brivido ブリーヴィド			
ストレート・真っ直ぐ	diritto ディリット		3Dの	tridimensionale トゥリディメンスィオナーレ		姓名	nome ノーメ
ストレス	stress ストゥレス		座る	sedersi セデールシ		生理痛	dolori mestruali ドローリ メストゥルアーリ
ストロー	cannuccia カンヌッチャ		**せ**			生理日	mestruazione メストゥルアッツィオーネ
スナック菓子	merenda メレンダ		姓	cognome コニョーメ		生理用ナプキン	assorbente アッソルベンテ
砂浜	spiaggia スピアッジャ		~の生家	essere di~ エッセレ ディ~		生理用品	prodotti sanitari プロドッティ サニターリ
スニーカー	scarpe da ginnastica スカルペ ダ ジンナースティカ		生花店	fioraio フィオラーイオ		西暦	calendario occidentale カレンダーリオ オッチデンターレ
スプーン	cucchiaio クッキアーイオ		税関	dogana ドガーナ			
スペイン	Spagna スパンニャ		税関申告書	modulo per la dichiarazione doganale モードゥロ ペル ラ ディキアラッツィオーネ ドガナーレ		税を払う	pagare l'imposta パガーレ リンポスタ
すべての	tutto トゥット					セーター	maglione マリオーネ
すべりやすい	scivoloso シヴォローゾ		請求	richiesta リキエスタ		セーフティ・ボックス	cassaforte カッサフォルテ

セール	saldi サルディ		先月	mese scorso メーゼ スコルソ		前方	davanti ダバンティ
セールスマン	commesso viaggiatore コンメッソ ヴィアジャトーレ		洗剤	detersivo デテルシィーヴォ		前方の席	posto davanti ポスト ダバンティ
世界	mondo モンド		船室	cabina カビーナ		専門医	medico specialista メディコ スペチャリスタ
世界遺産	Patrimonio Mondiale パトリモーニオ モンディアーレ		船室係	cameriere di cabina カメリエーレ ディ カビーナ		専門学校	istituto イスティトゥート
咳	tosse トッセ		船室手荷物	bagagli in cabina バガッリ イン カビーナ		(〜の)専門店	negozio specializzato in~ ネゴッツィオ スペチャリッザート イン
席	posto ポスト		洗浄液	pulendo fluido ブレンド フルイド			
席を予約する	prenotare un tavolo プレノターレ ウン ターヴォロ		洗浄ボタン	pulsante di scarico プルサンテ ディ スカーリコ		**そ**	
石けん	sapone サポーネ		先週	settimana scorsa セッティマーナ スコールサ		像	figura フィグーラ
接続	collegamento コッレガメント		戦争	guerra グエッラ		騒音	rumore ルモーレ
接着剤	adesivo アディシィーヴォ		ぜんそく	asma アーズマ		双眼鏡	binocolo ビノーコロ
セット	serie セーリエ		洗濯機	lavatrice ラヴァトリーチェ		走行距離	chilometraggio キロメトゥラッジョ
セットメニュー	menù a prezzo fisso メヌ ア プレッツォ フィッソ		洗濯する	fare il bucato / lavare ファーレ イル ブカート / ラバーレ		総合的な	generale ジェネラーレ
説明書	guida per l'uso グイーダ ペル ルーゾ					掃除	pulizia プリツィーア
せともの	ceramica チャラーミカ		洗濯物	biancheria ビアンケリーア		掃除する	pulire プリーレ
背中	schiena スキエーナ		船長	capitano カピターノ		掃除中	durante la pulizia ドゥランテ ラ プリツィーア
セルフサービス	self service セルフ セールヴィス		宣伝	pubblicità ププリチタ		痩身	dimagrimento ディマグリメント
栓	tappo タッポ		栓抜き	apribottiglie アーブリボッティリエ		(メールを)送信する	mandare マンダーレ
			先輩	anzianità アンツィアニタ		騒々しい	rumoroso ルモローゾ
			扇風機	ventilatore ヴェンティラトーレ		送付先	destinazione デスティナッツィオーネ
						ソウルミュージック	musica soul ムーズィカ ソウル

179

速達	espresso エスプレッソ	退屈する	annoiarsi アンノイアルスィ	高い(高さ)	alto アルト
速度計	tachimetro タキーメトロ	滞在する	soggiornare ソッジョルナーレ	高い(値段)	caro カーロ
底	fondo フォンド	滞在予定期間	durata del soggiorno ドゥランテ デル ソッジョルノ	滝	cascata カスカータ
素材	materiale マテリアーレ	大寺院	cattedrale カッテドラーレ	炊く	bollire ボリーレ
卒業	laurea ラウレア	大使館	ambasciata アンバッシャータ	たくさんの	molto モルト
率直な	franco フランコ	体質	costituzione fisica コスティトゥツィオーネ フィジカ	タクシー	taxi タクシー
外	fuori フォーリ			タクシー乗り場	posteggio dei taxi ポステッジョ デイ タクシー
ソファ	divano ディヴァーノ	大丈夫	nessun problema ネッスーン プロブレンマ	託児所	asilo nido アジーロ ニード
ソフトウェア	software ソフトウェル	大聖堂	duomo ドゥオーモ	助ける	aiutare アイウターレ
ソプラノ	soprano ソプラーノ	大切な	importante インポルタンテ	正しい	corretto コレット
空	cielo チェーロ	体操	ginnastica ジンナースティカ	立ち見席	posti in piedi ポスティ イン ピエーディ
(〜を)尊敬する	stimare スティマーレ	大統領	presidente プレジデンテ	立つ	stare in piedi スターレ イン ピエディ
た		台所	cucina クチーナ		
ターミナル駅	capolinea カポリーネア	台風	tifone ティフォーネ	竜巻	tornado トルナード
タイ	Thailandia タイランディア	タイヤ	pneumatico プネウマーティコ	脱脂綿	cotone コトーネ
体温	temperatura テンペラトゥーラ	ダイヤモンド	diamante ディアマンテ	建物	edificio エディフィチョ
体温計	termometro テルモーメトロ	太陽	sole ソーレ	建てる	costruire コストルイーレ
大学	università ウニヴェルシタ	台湾	Taiwan タイワン	楽しい	divertente ディヴェルテンテ
大学生	studente / tessa universitario ストゥデンテ / テッサ ウニヴェルシターリオ	ダウンロード	scaricare スカリカーレ	タバコ	sigaretta シガレッタ
		タオル	asciugamano アッシュガマーノ	タバコを吸う	fumare フマーレ

ダブルルーム	camera matrimoniale カーメラ マトリモニアーレ		地図	mappa マッパ		基本会話
食べる	mangiare マンジャーレ		父	padre パードレ		見どころ
打撲	contusione コントゥズィオーネ		チップ	mancia マンチャ		グルメ
卵	uovo ウォーヴォ		チップ(カジノでのゲームコイン)	fiche フィシュ		
タマネギ	cipolla チポッラ		地方	regione レジョーネ		ショッピング
試す	provare プロヴァーレ		着陸	atterraggio アッテラッジョ		
足りない	mancanza マンカンツァ		チャット	chat チャット		エンタメ
単語	vocabolo ヴォカーボロ		チャンス	occasione オッカズィオーネ		
炭酸水	acqua gassata アックア ガッサータ		注意	attenzione アテンツィオーネ		ビューティ
炭酸なしの水	acqua non gassata アックア ノン ガッサータ		中学生	studente／tessa di scuola media ストゥデンテ／テッサ ディ スクオーラ メディア		
男女	uomo e donna ウォーモ エ ドンナ					
誕生日	compleanno コンプレアンノ		中型車	macchina media マッキナ メーディア		ホテル
男女共同	in comune fra uomini e donne イン コムーネ フラ ウォーミニ エ ドンネ		中学校	scuola media スクオーラ メーディア		
			中くらい	medio メーディオ		乗りもの
タンス	armadio アルマーディオ		中国	Cina チーナ		
団体	gruppo グルッポ		中国産	prodotto cinese プロドット チネーゼ		基本情報
団体旅行	viaggio organizzato ヴィアッジョ オルガニッザート		中国料理	cucina cinese クチーナ チネーゼ		
暖房	riscaldamento リスカルダメント		中古品	seconda mano / usato セコンダ マーノ / ウザート		単語集

## ち	
血	sangue サングエ
地域	regione レジョーネ
小さい	piccolo ピッコロ
チェコ	Ceco チェーコ
チェックアウト	lasciare la camera ラッシャーレ ラ カーメラ
チェックアウトの時間	orario di lasciare la camera オラーリオ ディ ラッシャーレ ラ カーメラ
チェックイン	check-in チェックイン
地下	sottosuolo ソットスオーロ
近くにある	vicino ヴィチーノ
地下鉄	metropolitana メトロポリターナ
地下鉄駅	stazione della metropolitana スタッツィオーネ デッラ メトロポリターナ
地下鉄路線図	mappa dell linee della metropolitana マッパ デッレ リーネエ デッラ メトロポリターナ
近道する	accorciare la strada アッコルチャーレ ラ ストラーダ
地球	terra テッラ
チケット	biglietto ビリエット
チケットショップ	biglietteria ビリエッテリア

注射	iniezione イニエツィオーネ

駐車禁止	sosta vietata ソスタ ヴィエタータ			つ		爪切り	tagliaunghie タリアウンギエ
駐車場	parcheggio パルケッジョ		ツアー	gita ジータ		冷たい	freddo フレッド
駐車する	parcheggiare パルケッジャーレ		ツアー料金	prezzo della gita プレッツォ デッラ ジータ		梅雨	stagione delle piogge スタッジョーネ デッレ ピオッジェ
駐車料金	tariffa per parcheggiare タリッファ ペル パルケッジャーレ		追加する	aggiungere アッジュンジェレ		強い	forte フォルテ
昼食	pranzo プランツォ		追加料金	supplemento スップレメント		釣り銭	resto レスト
中2階	mezzanino メッツァニーノ		ツインルーム	camera doppia カーメラ ドッピア			て
注文	ordine オルディネ		通貨申告	dichiarazione della valuta ディキアラッツィオーネ デッラ ヴァルータ		手	mano マーノ
注文する	ordinare オルディナーレ					提案	proposta プロポスタ
長距離	lunga distanza ルンガ ディスタンツァ		通行止め	divieto di transito ディヴィエート ディ トランズィト		ティッシュ	fazzolettino di carta ファッツォレッティーノ ディ カルタ
彫刻	scultura スクルトゥーラ		通訳する	interpretare インテルプレターレ			
彫刻家	scultore / trice スクルトーレ / トリーチェ		通路側の席	posto vicino al corridoio ポスト ヴィチーノ アル コッリドイーオ		Tシャツ	maglietta マリエッタ
頂上	cima チーマ					(お茶の) ティーバッグ	bustina di tè ブスティーナ ディ テ
朝食	colazione コラッツィオーネ		疲れる	stancarsi スタンカールシ			
調味料	condimento コンディメント		月	luna ルーナ		ディーラー	commerciante コンメルチャンテ
チョコレート	cioccolato チョッコラート		次の	prossimo プロッシモ		庭園	giardino ジャルディーノ
直行バス	pullman diretto プルマン ディレット		月日	data ダータ		定価	prezzo fisso プレッツォ フィッソ
直行便	volo diretto ヴォーロ ディレット		机	tavolo ターヴォロ		テイクアウト (持ち帰り)	portare via ポルターレ ヴィア
治療	cura クーラ		続ける	continuare コンティヌアーレ		定刻	in orario イン オラーリオ
鎮痛剤	analgesico アナルジェシコ		包んで	incartato インカルタート		定食	menù a prezzo fisso メヌ ア プレッツォ フィッソ
			爪	unghia ウンギア		停留所(バスの)	fermata フェルマータ

182

テーブル	tavolo ターヴォロ	手荷物	bagagli a mano バガッリ ア マーノ	電車	treno トレーノ
テーブルクロス	tovaglia トヴァッリア	手荷物預かり札	ricevuta di deposito bagagli リチェヴータ ディ デポージイト バガッリ	天井	soffitto ソッフィット
手紙	lettera レッテラ	手荷物預かり所	deposito bagagli デポージイト バガッリ	電池	batteria バッテリーア
(~で)出来ている	essere di エッセレ ディ	デパート	grande magazzino グランデ マガッジィーノ	テント	tenda テンダ
出口	uscita ウッシータ	手袋	guanti グアンティ	伝統	tradizione トラディツィオーネ
デザート	dolce ドルチェ	テレビ	televisore テレヴィゾーレ	伝統行事	manifestazione tradizionale マニフェスタツィオーネ トラディツィオナーレ
デザートスプーン	cucchiaio クッキアイオ	照れる	sentirsi imbarazzato センティルシ インバラッザート	電報	telegramma テレグランマ
デザイナー	stilista スティリースタ	テロ	terrorismo テッロリズモ	展望台	belvedere ベルヴェデーレ
デザイン	disegno ディセニョ	手をつなぐ	prendersi per mano プレンデルスィ ベル マーノ	デンマーク	Danimarca ダニマールカ
デジタルカメラ	macchina fotografica digitale マッキナ フォトグラーフィカ ディジターレ	店員	commesso コンメッソ	展覧会	esposizione エスポジツィオーネ
手数料	commissione コッミッシォーネ	天気	tempo テンポ	電話	telefono テレーフォノ
哲学	filosofia フィロゾフィーア	電気	elettricità エレットリチタ	電話代	conto telefonico コント テレフォーニコ
手作りの	fatto a mano ファット ア マーノ	電気製品	oggetti elettrici オジェッティ エレットリチ	電話帳	elenco telefonico エレンコ テレフォーニコ
手伝う	aiutare アイウターレ	天気予報	previsione del tempo プレヴィジィオーネ デル テンポ	電話ボックス	cabina telefonica カビーナ テレフォーニカ
鉄道駅	stazione ferroviaria スタッツィオーネ フェッロヴィアーリア	伝言	messaggio メッサッジョ		
テニス	tennis テニス	展示	esposizione エスポジツィオーネ	ドア	porta ポルタ
テニスコート	campo da tennis カンポ ダ テニス	展示する	presentare プレゼンターレ	ドイツ	Germania ジェルマーニア
テニスボール	palle da tennis パッレ ダ テニス			トイレ	bagno バンニョ
デニム	denim デニム			トイレットペーパー	carta igienica カルタ イジェーニカ

と

183

動画	cartoni カルトーニ
唐辛子	peperoncino ペペロンチーノ
同級生	compagno コンパンニョ
陶磁器店	negozio di porcellane ネゴツィオ ディ ポルチェッラーネ
搭乗	imbarco インバールコ
搭乗ゲート	uscita d'imbarco ウッシータ ディンバールコ
搭乗券	carta d'imbarco カルタ ディンバールコ
搭乗時間	ora d'imbarco オーラ ディンバールコ
銅像	statua スタートゥア
到着	arrivo アリーヴォ
到着が遅い	arrivare in ritardo アリヴァーレ イン リタルド
到着時間	ora d'arrivo オーラ ダリーヴォ
到着する	arrivare アリヴァーレ
盗難証明書	certificato di furto チェルティフィカート ディ フルト
糖尿病	diabete ディアベーテ
動物	animale アニマーレ
動物園	zoo ゾー
同僚	collega コッレーガ
道路	strada ストラーダ
道路地図	carta automobilistica カルタ アウトモビリスティカ
遠い	lontano ロンターノ
トースト	pane tostato パーネ トスタート
通り	via ヴィーア
都会の	urbano ウルバーノ
特産品	prodotto caratteristico プロドット カラッテリースティコ
読書	lettura レットゥーラ
読書灯	lampada ランパダ
特徴	caratteristica カラッテリースティカ
特別行事	evento speciale イヴェント スペチャーレ
時計	orologio オロロッジョ
時計店	orologeria オロロジェリーア
図書館	biblioteca ビブリオテーカ
とっておく	tenere テネーレ
届ける	mandare マンダーレ
とどまる	rimanere リマネーレ
どのくらい	quanto クアント
徒歩	a piedi ア ピエーディ
とまどう	essere disorientato エッセーレ ディソリエンタート
停まる	fermarsi フェルマールシ
泊まる	passare la notte パッサーレ ラ ノッテ
友だち	amico アミーコ
ドライアイス	ghiaccio secco ギアッチョ セッコ
ドライクリーニング	lavaggio a secco ラヴァッジョ ア セッコ
ドライブ	giro in macchina ジロ イン マッキナ
ドライヤー	asciugacapelli アッシュガカペッリ
ドラッグストア	farmacia ファルマチーア
トラブル	problema プロブレンマ
トラベラーズ・チェック	traveller's check トラヴェラーズ チェック
ドラマ	dramma ドランマ
ドラム	tamburo タンブーロ
トランク (自動車の)	portabagagli ポルタバガッリ
トランプ	carte カルテ
トランペット	tromba トゥロンバ
鳥	uccello ウチェッロ
取扱い注意	fragile フラージレ
取り替える	cambiare カンビアーレ
取り消す	cancellare カンチェラーレ
鶏肉	carne di pollo カルネ ディ ポッロ

トルコ	Turchia トゥルキーア	夏休み	vacanze estive ヴァカンツェ エスティヴェ	逃がす	fare scappare ファーレ スカッパーレ
ドレス	abito da sera アビト ダ セーラ	何か	qualcosa クアルコーザ	ニキビ	brufolo ブルーフォロ
泥棒	ladro ラードロ	ナプキン	tovagliolo トヴァリオーロ	賑やかな	frequentato フレクエンタート
な		名札	targhetta con il proprio nome タルゲッタ コン イル プロプリオ ノーメ	西	ovest オヴェスト
内科医	internista インテルニースタ			24時間営業	aperto 24 ore アペルト ヴェンティク アットロ オーレ
内線	interno telefonico インテールノ テレフォニコ	鍋	pentola ペントラ	偽物	imitazione イミタッツィオーネ
ナイトクラブ	night club ナイト クラップ	名前	nome ノーメ	日用品	articoli di uso corrente アルティーコリ ディ ウーゾ コレンテ
ナイトスポット	night spot ナイト スポット	生もの	alimenti crudi アリメンティ クルーディ		
ナイトツアー	giro di notte ジーロ ディ ノッテ	波	onda オンダ	日記	diario ディアーリオ
ナイトテーブル	comodino コモディーノ	軟膏	unguento ウングエント	日食	eclissi solare エクリージ ソラーレ
ナイフ	coltello コルテッロ	何でも	qualsiasi クアルシーアシ	日本	Giappone ジャッポーネ
ナイロン	nylon ナイロン	**に**		日本語	giapponese ジャッポネーゼ
治す	curare クラーレ	似合う	stare bene スターレ ベーネ	日本車	macchina giapponese マッキナ ジャッポネーゼ
長い	lungo ルンゴ	匂う	sentire un odore センティーレ ウン オドーレ		
長袖	maniche lunghe マニケ ルンゲ	2階	primo piano プリモ ピアーノ	日本人	giapponese ジャッポネーゼ
中身	contenuto コンテヌート	苦い	amaro アマーロ	日本大使館	Ambasciata giapponese アンバッシャータ ジャッポネーゼ
眺め	vista ヴィスタ	2階席 (劇場の)	posto al piano di sopra ポスト アル ピアノ ディ ソープラ		
眺めがよい	bella vista ベッラ ヴィスタ			日本の連絡先	indirizzo giapponese インディリッツォ ジャッポネーゼ
泣く	piangere ピアンジェレ	2階前方席 (劇場の)	posto davanti al piano di sopra ポスト ダヴァンティ アル ピアノ ディ ソープラ	日本料理	cucina giapponese クチーナ ジャッポネーゼ
夏	estate エスターテ	2等	seconda classe セコンダ クラッセ	荷物	bagaglio バガッリオ

荷物棚	scomparto bagagli スコンパールト バガッリ
荷物引取り	ritiro bagagli リティーロ バガッリ
入学	ammissione a scuola アミッシィオーネ ア スクオーラ
入国	immigrazione イミグラッツィオーネ
入国カード	documento per immigrazione ドクメント ベル イミグラツィオーネ
入国管理	controllo di immigrazione コントロッロ ディ イミグラッツィオーネ
入国審査	controllo passaporti コントロッロ パッサポルティ
入国目的	scopo della visita スコーポ デッラ ヴィジィタ
入場料	tariffa d'ingresso タリッファ ディングレッソ
ニュース	notizia ノティツィア
入力する	inserire インセリーレ
尿	urina ウリーナ
庭	giardino ジャルディーノ
人気	popolare ポポラーレ
人気の高いツアー	gita più frequentata ジータ ピュー フレクエンタータ
人形	bambola バンボラ
人数	numero di persone ヌメロ ディ ベルソーネ

ニンニク	aglio アッリオ
妊婦	donna incinta ドンナ インチンタ

ぬ

盗まれた品物	oggetto rubato オジェット ルバート
ぬるい	tiepido ティエピド
濡れる	bagnarsi バンニャルスィ

ね

ネクタイ	cravatta クラヴァッタ
猫	gatto ガット
ネズミ	topo トーポ
値段	prezzo プレッツォ
熱	febbre フェッブレ
熱狂的な	entusiastico エントゥジアスティコ
ネックレス	collana コッラーナ
値引き	sconto スコント
眠い	avere sonno アヴェーレ ソンノ
寝る	dormire ドルミーレ
ねんざ	storta ストルタ
年中行事	evento annuale エヴェント アンヌアーレ
年齢	età エタ

の

農家	agricoltore アグリコルトーレ
農業	agricoltura アグリコルトゥーラ
脳しんとう	commozione cerebrale コンモッツィオーネ チェレブラーレ
脳卒中	apoplessia アーポプレッツィア
のどが痛い	mal di gola マル ディ ゴーラ
飲み物	bevanda ベヴァンダ
飲む	bere ベーレ
のり（文具の）	colla コッラ
乗り換え	cambio treno カンビオ トレーノ
乗換え券	carta di transito カルタ ディ トランジィト
乗り換える	cambiare カンビアーレ
乗り込む	imbarcarsi インバルカールシィ
乗りそこなう	perdere ベルデレ
乗り継ぎ・トランジット	transito トランジィト
乗り継ぎカウンター	banco di transito バンコ ディ トランジィト
乗り物酔い	mal d'auto マル ダウト
乗る	salire サリーレ
ノルウェー	Norvegia ノルヴェージャ

は

歯	dente デンテ
バー	bar バール
バーゲン	saldi サルディ
パーティ	festa フェスタ
ハードウェア	hardware アルドウェル
肺炎	polmonite ポルモニーテ
バイオリン	violino ヴィオリーノ
バイキング	buffet ブッフェ
灰皿	posacenere ポザチェーネレ
ハイジャック	pirateria aerea ピラテリーア アエーレア
配送	consegna コンセンニャ
俳優	attore アットーレ
入る	entrare エントラーレ
ハエ	mosca モスカ
ハガキ	cartolina カルトリーナ
はかり	bilancia ビランチャ
吐き気	nausea ナウゼア
吐く	vomitare ヴォミターレ
拍手	applauso アプラウゾ

博物館	museo ムゼオ
博覧会	fiera フィエーラ
バゲージタグ	etichetta bagaglio エティケッタ バガッリオ
箱	scatola スカートラ
はさみ	forbice フォルビチェ
橋	ponte ポンテ
はし(箸)	bastoncini バストンチーニ
始まる	avere inizio アヴェーレ イニッツィオ
初めての	primo プリーモ
始める	cominciare コミンチャーレ
パジャマ	pigiama ピジャマ
場所	luogo ルオーゴ
バス	autobus アウトブス
バス (通行許可証)	lasciapassare ラッシャパッサーレ
バスタオル	asciugamano アッシュガマーノ
バスタブ	vasca da bagno ヴァスカ ダ バンニョ
バスタブ付き	con vasca da bagno コン ヴァスカ ダ バンニョ
バス停	fermata dell'autobus フェルマータ デッラウトブス
パスポート (旅券)	passaporto パッサポルト

バス路線図	piantina delle linee degli autobus ピアンティーナ デッレ リーネエ デッリ アウトブス
パスワード	password パスウォルド
パソコン	computer コンピュータ
バター	burro ブッロ
肌寒い	freddo フレッド
ハッキング	pirateria informatica ピラテリーア インフォルマティカ
バッグ	borsa ボルサ
バッテリー	batteria バッテリア
派手	vistoso ヴィストーゾ
花	fiore フィオーレ
花束	mazzo di fiori マッゾ ディ フィオーリ
花火	fuoco artificiale フォーコ アルティフィチャーレ
母	madre マードレ
歯ブラシ	spazzolino da denti スパッツォリーノ ダ デンティ
葉巻	sigaro シィーガロ
浜辺	spiaggia スピアッジャ
歯磨き粉	dentifricio デンティフリーチョ
早く	subito スービト

187

払う	pagare パガーレ
パラソル	parasole パラソーレ
針	ago アーゴ
ハリケーン	uragano ウラガーノ
春	primavera プリマヴェーラ
バルコニー	balcone バルコーネ
晴れ	sereno セレーノ
バレエ	balletto バッレット
バレンタインデー	giorno di San Valentino ジョルノ ディ サン ヴァレンティーノ
バレリーナ	ballerina バレリーナ
パン	pane パーネ
バン(車)	furgone フルゴーネ
ハンガー	gruccia グルッチャ
繁華街	quartiere molto animato クアルティエーレ モルト アニマート
ハンカチ	fazzoletto ファッツォレット
パンク	gomma a terra ゴンマ ア テッラ
はんこ	timbro ティンブロ
番号	numero ヌメロ

反省	riflessione リフレッシオーネ
絆創膏	cerotto チェロット
半袖	maniche corte マニケ コルテ
パンダ	panda パンダ
反対する	opporsi オポルシ
ハンドル	volante ヴォランテ
半日の	di mezza giornata ディ メッツァ ジョルナータ
犯人	colpevole コルペーヴォレ
ハンバーガー	hamburger ハンブールガ
パンフレット	opuscolo オプースコロ
半分	mezzo メッツォ

ひ

火	fuoco フォーコ
日	giorno ジョールノ
ピアス	orecchini オレッキーニ
ピアノ	pianoforte ピアノフォルテ
ピーチ	pesca ペースカ
ビール	birra ビッラ
日帰り観光	gita turistica di una giornata ジータ トゥリスティカ ディ ウナ ジョルナータ

日帰り旅行	gita di un giorno ジータ ディ ウン ジョールノ
皮革製品	articolo di pelle アルティコーロ ディ ペッレ
東	est エスト
引く	tirare ティラーレ
髭剃り	farsi la barba ファルシ ラ バルバ
飛行機	aereo アエレオ
ビザ(査証)	visto ヴィスト
美術館	museo d'arte ムゼオ ダルテ
非常口	uscita di sicurezza ウッシータ ディ シクレッツァ
非常ボタン	tasto d'emergenza タスト デメルジェンツァ
左	sinistra スィニーストラ
左へ曲がる	girare a sinistra ジラーレ ア スィニーストラ
日付	data ダータ
引っ越す	traslocarsi トラズロカルスィ
必要	bisogno ビゾーニョ
ビデオカメラ	videocamera ヴィデオカーメラ
ひどく痛い	molto doloroso モルト ドロローゾ
1人あたり	ogni persona オンニ ペルソーナ
皮膚	pelle ペッレ

100ユーロ紙幣	carta da 100 euro カルタ ダ チェント エウロ	品質	qualità クアリタ	含む	contenere コンテネーレ
日焼け	abbronzatura アップロンザトゥーラ	便箋	foglio di carta da lettere フォーリオ ディ カルタ ダ レッテレ	不合格	bocciatura ボッチャトゥーラ
日焼け止めクリーム	crema protettiva クレーマ プロテッティーヴァ	便名	numero di volo ヌメロ ディ ヴォーロ	婦人科医	ginecologo ジネコーロゴ
ビュッフェ	buffet ブッフェ	**ふ**		婦人用	per donna ペル ドンナ
費用	spesa スペーザ	ファーストフード	fast food ファスト フッドゥ	舞台	palcoscenico パルコシェーニコ
秒	secondo セコンド	ファンデーション	fondotinta フォンドティンタ	物価	prezzi プレッツィ
病院	ospedale オスペダーレ	フィンランド	Finlandia フィンランディア	フットサル	calcetto カルチェット
美容院	parrucchiere パルッキエーレ	風景画	paesaggio パエサッジョ	船便	posta via mare ポスタ ヴィア マーレ
病気	malattia マラッティーア	ブーツ	stivali スティヴァッリ	船酔い	mal di mare マル ディ マーレ
美容師	parrucchiere パルッキエーレ	封筒	busta ブスタ	船	nave ナーヴェ
昼の部	mattinata マッティナータ	プール	piscina ピッシィーナ	船に乗る	imbarcare インバルカーレ
ヒロイン	eroina エロイーナ	フェイスブック	Facebook フェイスブック	冬	inverno インヴェルノ
拾う	prendere プレンデレ	フェリー	traghetto トラゲット	冬休み	vacanze d'inverno ヴァカンツェ ディンヴェルノ
ビロード	velluto ヴェッルート	フォーク	forchetta フォルケッタ	フライト	volo ヴォーロ
広場	piazza ピアッツァ	部下	subordinato スボルディナート	フライパン	padella パデッラ
瓶	bottiglia ボッティーリア	付加価値税	I.V.A イーヴァ	ブラウス	camicetta カミチェッタ
便	volo ヴォーロ	服	vestito ヴェスティート	プラグ	spina スピーナ
敏感肌	pelle sensibile ペッレ センシービレ	服装のきまり	regola riguardo all'abbigliamento レーゴラ リグアルド アッラビリアメント	ブラジャー	reggiseno レジセーノ
貧血	anemia アネミーア	腹痛	mal di pancia マル ディ パンチャ	フラッシュ	flash フラッシュ

フラッシュ禁止	non usare il flash ノン ウザーレ イル フラッシュ		雰囲気	atmosfera アトモスフェーラ		別々に払う	pagare separatamente パガーレ セパラタメンテ
プラットホーム	binario ビナーリオ		文化	cultura クルトゥーラ		別料金	prezzo extra プレッツォ エクストラ
フランス	Francia フランチャ		文学	letteratura レッテラトゥーラ		ベビーカー	passeggino パッセッジーノ
フランス料理	cucina francese クチーナ フランチェーゼ		紛失物	oggetto smarrito オジェット ズマッリート		部屋	camera カーメラ
ブランド	marca マルカ		紛失報告書	denuncia di smarrimento デヌンチャ ディ ズマッリメント		部屋代	prezzo della camera プレッツォ デッラ カーメラ
不良品	articolo difettoso アルティーコロ ディフェットーゾ		噴水	fontana フォンターナ		部屋の鍵	chiave della camera キアーヴェ デッラ カーメラ
プリントアウトする	stampare スタンパーレ		文房具店	cartoleria カルトレリーア		部屋番号	numero della camera ヌメロ デッラ カーメラ
古い	vecchio ヴェッキオ		**へ**			ベルト	cintura チントゥーラ
ブルース	musica blues ムーズィカ ブルース		ヘアブラシ	spazzola per capelli スパッツォラ ペル カペッリ		ペン	penna ペンナ
古本	libro usato リブロ ウザート		閉館時間	orario di chiusura オラーリオ ディ キウズーラ		勉強	studio ストゥーディオ
ブレーキ	freno フレーノ		閉鎖	chiuso キウーゾ		弁護士	avvocato アッヴォカート
風呂	bagno バンニョ		平日	giorno ordinario ジョールノ オルディナーリオ		便座・便器	seduta del gabinetto セドゥータ デル ガビネット
ブロー（髪の）	messa in piega メッサ イン ピエーガ		閉店	chiusura del negozio キウズーラ デル ネゴッツィオ		弁償	risarcimento リザルチメント
プログラマー	programmatore プログランマトーレ		平和	pace パーチェ		弁償する	risarcire リザルチーレ
プログラム	programma プログランマ		ベージュ色	beige ベイジュ		ペンダント	pendente / ciondolo ペンデンテ / チョンドロ
ブロック（街区）	isolato イゾラート		（楽器の）ベース	basso バッソ		ベンチ	panchina パンキーナ
プロデューサー	produttore プロドゥットーレ		ベッド	letto レット		弁当	cestino da pranzo チェスティーノ ダ プランツォ
プロレス	professional wrestling プロフェッショナル レッスリング		別々に	separatamente セパラタメンテ		扁桃腺炎	tonsillite トンシリーテ
フロント	reception レセプション						

変な音	strano rumore ストラーノ ルモーレ
便秘薬	medicina per stitichezza メディチーナ ペル スティティケッツァ
返品する	restituire レスティトゥイーレ

ほ

貿易	commercio estero コンメルチョ エステロ
方角・方向	punto della direzione プント デッラ ディレツィオーネ
法学	diritto ディリット
帽子	cappello カッペッロ
宝石	gioiello ジョイエッロ
宝石店	gioielleria ジョイエッレリーア
包装	imballaggio インバッラッジョ
包帯	benda ベンダ
暴動	tumulto トゥムルト
方法	maniera マニエーラ
法律	legge レッジェ
ポーター	facchino ファッキーノ
ボート	barca バルカ
ホームシック	nostalgia di casa ノスタルジーア ディ カーザ

ホームページ	pagina iniziale パジーナ イニツィアーレ
ボールペン	biro / penna a sfera ビーロ / ペンナ ア スフェーラ
ボクシング	pugilato プジラート
ポケット	tasca タスカ
保険	assicurazione アッシクラツィオーネ
保険会社	compagnia d'assicurazioni コンパニーア ダッシクラツィオーニ
歩行者横断注意	attenzione passaggio pedonale アテンツィオーネ パッサッジョ ペドナーレ
星	stella ステッラ
保証金(前金)	deposito デポージィト
保証書	certificato di garanzia チェルティフィカート ディ ガランツィーア
ポスター	manifesto マニフェスト
ポスト	cassetta delle lettere カッセッタ デッレ レッテレ
ボストンバッグ	borsa da viaggio ボルサ ダ ヴィアッジョ
ボタン	bottone ボットーネ
墓地	cimitero チミテーロ
ホッチキス	spillatrice スピッラトゥリーチェ
ホットケーキ	frittella dolce フリテッラ ドルチェ

ホットドッグ	panino con wurstel e senape パニーノ コン ビュステル エ セーナペ
ポップミュージック	musica pop ムーズィカ ポップ
ホテル	albergo アルベルゴ
ホテルリスト	lista di albergo リスタ ディ アルベルゴ
歩道	marciapiede マルチャピエーデ
哺乳瓶	biberon ビベロン
骨	osso オッソ
ポロシャツ	maglia a polo マリア ア ポロ
本	libro リーブロ
ほんとう	verita ヴェリタ
ほんの(少しの)	soltanto ソルタント
本物	originale オリジナーレ

ま

マーマレード	marmellata マルメッラータ
マイク	microfono ミクローフォノ
迷子	persona smarrita ペルソーナ ズマッリータ
前売券	biglietto in prevendita ビリェット イン プレヴェンディタ
前髪	frangia フランジァ
曲がる	girare ジラーレ

幕間	intervallo インテルヴァッロ	マヨネーズ	maionese マイオネーゼ	緑	verde ヴェルデ
枕	cuscino クッシーノ	丸い	rotondo ロトンド	港	porto ポルト
孫	nipote ニポーテ	漫画	fumetto フメット	南	sud スッドゥ
まずい	cattivo カッティーヴォ	マンション	appartamento アッパルタメント	ミニバー	minibar ミニバー
マスタード	senape セーナペ	満席	pieno ピエーノ	ミネラルウォーター	acqua minerale アックア ミネラーレ
街・町	città チッタ	満足	soddisfazione ソディスファッツィオーネ	身分証明書	carta d'identità カルタ ディデンティタ
待合室	sala d'attesa サラ ダッテーザ	真ん中	centro チェントロ	脈拍	polso ポルソ
間違う	sbagliare ズバリアーレ		**み**	みやげ	souvenir スーヴェニール
待つ	aspettare アスペッターレ	右	destra デストラ	ミュージカル	commedia musicale コンメーディア ムジカーレ
マッサージ	massaggio マッサッジョ	右へ曲がる	girare a destra ジラーレ ア デストラ	見る	vedere / guardare ヴェデーレ / グアルダーレ
マッチ	fiammifero フィアンミッフェロ	岬	punta プンタ		
祭り	festa フェスタ	短い	corto コルト	民芸品店	negozio di prodotti artigianali ネゴッツィオ ディ プロドッティ アルティジャナーリ
窓・ウインドー	finestra フィネストラ	水	acqua アックア		
		湖	lago ラーゴ	民族衣装	costume コストゥーメ
窓側の席	posto vicino al finestrino ポスト ヴィチーノ アル フィネストリーノ	水着	costume da bagno コストゥーメ ダ バンニョ		**む**
マナー	buone maniere フォーネ マニエーレ	水を流す	versare ヴェルサーレ	迎えに行く	andare a prendere アンダーレ ア プレンデレ
マニキュア	smalto スマルト	店	negozio ネゴッツィオ	昔ながらの	multilustre ムルティルストレ
マフラー	sciarpa シャルパ	味噌	pasta di soia パスタ ディ ソーイア	昔話	racconti ラコンティ
迷う(道で)	perdersi ペルデルシ	道	strada ストラーダ	無効	non valido ノン ヴァリド
真夜中	mezzanotte メッザノッテ	道で	per la strada ペル ラ ストラーダ	虫	insetto インセット

蒸し暑い	caldo umido カルド ウミド
無地	tessuto a tinta unita テッスート ア ティンタ ウニータ
難しい	difficile ディフィーチレ
息子	figlio フィリオ
娘	figlia フィリア
無制限	senza limiti センツァ リミティ
無着色	senza coloranti センツァ コロランティ
無添加	senza conservanti センツァ コンセルヴァンティ
村	villaggio ヴィラッジョ
無料の	gratuito グラトゥーイト

め

明細	dettagli デッタリ
名所	luoghi famosi ルオーギ ファモージ
メイド	cameriera カメリエーラ
名物料理 (その土地の)	piatto speciale ピアット スペチャーレ
メール	posta elettronica ポスタ エレットローニカ
眼鏡	occhiali オッキアーリ
眼鏡店	ottica オッティカ
目薬	collirio コッリリオ

目覚まし時計	sveglia ズヴェリア
目印	indicazione インディカッツィオーネ
珍しい	raro ラーロ
目玉焼き	uova ad occhio di bue ウォーヴァ アッド オッキオ ディ ブエ
メニュー	menù メヌ
めまいがする	avere un capogiro アヴェーレ ウン カポジーロ
メモ	appunto アプント
麺	pasta パスタ
免許証	patente パテンテ
免税	esente da tasse エセンテ ダ タッセ
免税店	negozio duty-free ネゴッツィオ デューティフリー
免税品	articolo esente da tasse アルティーコロ エセンテ ダ タッセ
面接	colloquio コロックイオ
綿素材	materiale di cotone マテリアーレ ディ コトーネ

も

もう一度	ancora una volta アンコーラ ウナ ヴォルタ
申込み	richiesta リキエスタ
盲腸炎	appendicite アッペンディチーテ

毛布	coperta コペルタ
モーニングコール	sveglia ズヴェリア
目的地	destinazione デスティナッツィオーネ
文字化け	problema di decodificazione プロブレマ ディ デコディフィカッツィオーネ
もしもし	pronto プロント
持ち帰り (テイクアウト)	portare via ポルターレ ヴィア
持ち込み禁止品	oggetti vietati オジェッティ ヴィエターティ
もっと大きい	più grande ピュー グランデ
もっと小さい	più piccolo ピュー ピッコロ
もっと安い	più economico ピュー エコノーミコ
もっと良い	migliore ミリオーレ
戻ってくる	tornare トルナーレ
模様	disegno ディセニョ
森	foresta フォレスタ
門	cancello カンチェッロ

や

焼く	bruciare ブルチャーレ
役者(男性)	attore アットーレ
役者(女性)	attrice アットリーチェ

約束	promessa プロメッサ
夜景	panorama notturno パノラーマ ノットゥルノ
やけど	ustioni ウスティオーニ
野菜	verdura ヴェルドゥーラ
優しい	gentile ジェンティーレ
安い	economico エコノーミコ
安売り店	negozio economico ネゴッツィオ エコノーミコ
薬局	farmacia ファルマチーア
屋根	tetto テット
山	montagna モンターニャ
山側の	sulla montagna スッラ モンターニャ

ゆ

湯	acqua calda アックア カルダ
遊園地	luna park ルナ パルク
夕方の便	volo di sera ヴォーロ ディ セーラ
勇気	coraggio コラッジョ
有効	valido ヴァリド
有効期間	periodo di validità ペリーオド ディ ヴァリディタ
有効にする	convalidare コンヴァリダーレ

夕食	cena チェーナ
友人	amico アミーコ
ユースホステル	ostello della gioventù オステッロ デッラ ジョヴェントゥ
郵便	posta ポスタ
郵便局	ufficio postale ウッフィーチョ ポスターレ
郵便番号	codice avviamento postale コーディチェ アッヴィアメント ポスターレ
郵便料金	tariffa postale タリッファ ポスターレ
有名	fama ファーマ
有名な	famoso ファモーゾ
遊覧船	battello turistico バッテッロ トゥリスティコ
有料トイレ	gabinetto a pagamento ガビネット ア パガメント
有料道路	autostrada a pagamento アウトストラーダ ア パガメント
有料の	a pagamento ア パガメント
床	pavimento パヴィメント
雪	neve ネーヴェ
輸血	trasfusione di sangue トラスフッジオーネ ディ サングエ

ゆで卵	uovo sodo ウォーヴォ ソード
指輪	anello アネッロ
夢	sogno ソンニョ
ゆるい	largo ラルゴ

よ

酔う	ubriacarsi ウブリアカルシ
用具	strumento ストゥルメント
幼稚園	scuola materna スクオーラ マテルナ
洋服	vestito ヴェスティート
洋服ダンス	armadio アルマーディオ
洋服店(紳士)	sartoria サルトリーア
洋服店(婦人)	sartoria da donna サルトリーア ダ ドンナ
曜日	giorno della settimana ジョールノ デッラ セッティマーナ
ヨーグルト	yogurt ヨーグルト
ヨーロッパ	Europa エウローパ
浴室	bagno バンニョ
浴槽	vasca da bagno ヴァスカ ダ バンニョ
横	larghezza ラルゲッツァ
横になる	sdraiarsi スドライアルシ

予算	budget バジェット
予定	programma プログランマ
夜中	notte fonda ノッテ フォンダ
呼び出しボタン	pulsante di chiamata プルサンテ ディ キアマータ
予約	prenotazione プレノタッツィオーネ
予約確認票	ricevuta di prenotazione リチェヴータ ディ プレノタッツィオーネ
予約する	prenotare プレノターレ
予約席	posto prenotato ポスト プレノタート
予約リスト	elenco di prenotazione エレンコ ディ プレノタッツィオーネ
夜	notte ノッテ
弱い	debole デーボレ

ら

来月	mese prossimo メーゼ プロッシモ
来週	settimana prossima セッティマーナ プロッシマ
来年	anno prossimo アンノ プロッシモ
ライター	accendino アッチェンディーノ
ラケット	racchetta ラッケッタ

ラジオ	radio ラーディオ
ラベル	etichetta エティケッタ
ランキング	classifica クラッスィーフィカ
ランプ	lampada ランパダ

り

離婚	divorzio ディヴォルツィオ
リスト	elenco エレンコ
リゾート	località di villeggiatura ロカリータ ディ ヴィレッジャトゥラ
リハビリ	riabilitazione リアビリタッツィオーネ
リムジンバス	limousine リムジィン
理由	motivo モティーヴォ
留学する	studiare all'estero ストゥディアーレ アレステロ
留学生	stranieri ストラニエーリ
両替	cambio カンビオ
両替所	ufficio cambio ウッフィーチョ カンビオ
料金	tariffa タリッファ
料金表	listino prezzi リスティーノ プレッツィ
料金メーター	tassametro タッサーメトロ
漁師	pescatore ペスカトーレ

領収書	ricevuta リチェヴータ
両親	genitori ジェニトーリ
料理	cucina クチーナ
旅行	viaggio ヴィアッジョ
旅行会社	agenzia di viaggio アジェンツィーア ディ ヴィアッジョ
離陸	decollo デコッロ
リンス	balsamo per capelli バルサモ ペル カペッリ

る

ルームサービス	servizio in camera セルヴィツィオ イン カーメラ
ルームサービス代	prezzo del servizio in camera プレッツォ デル セルヴィッツィオ イン カーメラ
ルームメイト	compagno di camera コンパーニョ ディ カーメラ
ルーレット	roulette ルレット

れ

冷蔵庫	frigorifero フリゴリッフェロ
冷凍食品	surgelato スルジェラート
冷房	condizionatore コンディツィオナトーレ
レイヤー	taglio scalato タッリオ スカラート

レイルパス	tessera ferroviaria テッセラ フェッロヴィアーリア	ろうそく	candela カンデッラ	
歴史	storia ストーリア	ローマ字	caratteri latini カラッテリ　ラティーニ	
レギュラー ガソリン	benzina normale ベンジィーナ　ノルマーレ	ロールパン	panino パニーノ	
レコード店	negozio di dischi ネゴッツィオ　ディ ディスキ	路線図	cartina delle linee カルティーナ　デッレ リーネエ	
レジ	cassa カッサ	ロビー	hall ホール	
レシート	ricevuta リチェヴータ	ロマンチッ クな	romantico ロマンティコ	
レストラン	ristorante リストランテ			

わ

列車	treno トレーノ	ワイシャツ	camicia カミーチャ	
列車内で	sul treno スル　トレーノ	ワイン	vino ヴィーノ	
連休	giorni di vacanza consecutivi ジョールニ　ディ　ヴァカ ンツァ　コンセクティーヴィ	ワインリス ト	lista dei vini リスタ　ディ　ヴィーニ	
レンズ	obiettivo オビエッティーヴォ	ワインを一 杯	un bichiere di vino ウン　ビッキエーレ ディ　ヴィーノ	
レンタカー	automobile a noleggio アウトモービレ　ア ノレッジョ	若い	giovane ジョーヴァネ	
連泊する	soggiornare più di un giorno ソッジョルナーレ　ピュー ディ　ウン　ジョールノ	忘れる	dimenticare ディメンティカーレ	
連絡先	indirizzo in Giappone インディリッツォ　イン ジャッポーネ	割り勘	divisione delle spese ディヴィジィオーネ デッレ　スペーゼ	

ろ

廊下	corridoio コリドーイオ	割引き	sconto スコント	
老人	vecchio ヴェッキオ	割増料金	supplemento / extra スップレメント / エクストラ	
		割れ物	articolo fragile アルティーコロ フラージレ	

湾	golfo ゴルフォ
ワンピース	abito アビト

単語集（伊和）

Italiano ──→ Giapponese

A

Italiano	Giapponese
a pagamento ア パガメント	有料の
a prezzo fisso ア プレッツォ フィッソ	正札価格
abito アビト	ワンピース
aceto アチェート	酢
acqua アックア	水
acqua calda アックア カルダ	湯
acqua gassata アックア ガッサータ	炭酸水
acqua minerale アックア ミネラーレ	ミネラルウォーター
acqua non gassata アックア ノン ガッサータ	炭酸なしの水
acquario アクアーリオ	水族館
aeroporto アエロポールト	空港
affidare アッフィダーレ	任せる
aglio アーリオ	ニンニク
albergo アルベルゴ	ホテル
allergia アッレルジーア	アレルギー

Italiano	Giapponese
alpinismo アルピニーズモ	登山
altezza アルテッツァ	高さ
alto アルト	高い
ambasciata アンバッシャータ	大使館
ambasciata giapponese アンバッシャータ ジャッポネーゼ	日本大使館
ambulanza アンブランツァ	救急車
andata アンダータ	片道
anello アネッロ	指輪
anemia アネミア	貧血
anestesia アネステジーア	麻酔
anniversario アニヴェルサーリオ	記念日
antipiretico アンティピレーティコ	解熱剤
aperitivo アペリティーヴォ	食前酒
aperto per 24 ore アペールト ペル ヴェンティクアットロ オーレ	24時間営業
appartamento アパルタメント	アパート
appetito アペティート	食欲

Italiano	Giapponese
aprire アプリーレ	開ける
argento アルジェント	銀
armadietto a gettone アルマディエット ア ジェットーネ	コインロッカー
arrivo アリーヴォ	到着
articolo esente da tasse アルティーコロ エセンテ ダ タッセ	免税品
articolo fatto a mano アルティーコロ ファット ア マーノ	手芸品
asciugacapelli アッシュガカペッリ	ドライヤー
asciugamano アッシュガマーノ	タオル
asma アーズマ	ぜんそく
aspettativa アスペッタティーヴァ	予想
aspirina アスピリーナ	アスピリン
aspro アスプロ	すっぱい
assegno アッセニョ	小切手
assicurazione アッシクラッツィオーネ	保険

197

attenzione アッテンツィオーネ	注意	bianco ビアンコ	白い	buono ブォーノ	おいしい
autista アウティスタ	運転手	biblioteca ビブリオテーカ	図書館	busta ブスタ	封筒
autobus アウトブス	バス	bicchiere di carta ビッキエーレ ディ カルタ	紙コップ	 **C**	
automobile a noleggio アウトモービレ ア ノレッジョ	レンタカー	bicicletta ビチクレッタ	自転車	caffè カッフェ	コーヒー
		biglietteria ビリエッテリーア	切符売り場	caglio di fagioli di soia カリオ ディ ファジョーリ ディ ソーイア	豆腐
avere fretta アヴェーレ フレッタ	急ぐ	biglietteria automatica ビリエッテリーア アウトマーティカ	切符自動販 売機	caldo カルド	熱い
avviso al pubblico アッヴィゾ アル ブッブリコ	広告	biglietto ビリエット	切符	calze カルツェ	靴下
  B		biglietto aereo ビリエット アエレオ	航空券	cambio corrente カンビオ コレンテ	為替レート
bagaglio a mano バガッリオ ア マーノ	手荷物	biglietto da visita ビリエット ダ ヴィジィタ	名刺	camera カーメラ	部屋
bagno バンニョ	トイレ	biglietto d'imbarco ビリエット ディンバールコ	搭乗券	camera doppia カメラ ドッピア	ツイン ルーム
ballo バッロ	舞踊			campione カンピオーネ	見本
balsamo per capelli バルサモ ペル カペッリ	リンス	biglietto di andata e ritorno ビリエット ディ アンダータ エ リトルノ	往復切符	cancellare カンチェラーレ	取り消す
banca バンカ	銀行	birra ビッラ	ビール	cane カーネ	犬
bar バール	カフェ	blocchetto di biglietti ブロケット ディ ビリエッティ	回数券	cappello カッペッロ	帽子
bastoncini バストンチーニ	箸			carabinieri カラビニエーリ	警察
battello turistico バッテッロ トゥリスティコ	遊覧船	blu ブル	青い	caramella カラメッラ	あめ (キャンディー)
benda ベンダ	包帯	borsa ボルサ	バッグ	carne di agnello カルネ ディ アニェッロ	羊肉
		borseggio ボルセッジョ	スリ	carne di maiale カルネ ディ マイアーレ	豚肉
bevanda ベヴァンダ	飲み物	buffet ビュッフェ	バイキング	carne di pollo カルネ ディ ポッロ	鶏肉

carne di vitello カルネ ディ ヴィテッロ	牛肉	chiesa キエーザ	教会	condizionamento d'aria コンディツィオナメント ダーリア	冷房
caro カーロ	かわいい	chiudere キウーデレ	閉める	condizionatore d'aria コンディツィオナトーレ ダーリア	エアコン
carota カロータ	ニンジン	chiusura del negozio キウズーラ デル ネゴッツィオ	閉店	contanti コンタンティ	現金
carta di credito カルタ ディ クレーディト	クレジット カード	cinema チーネマ	映画	conto コント	勘定
cartina delle linee カルティーナ デッレ リーネエ	路線図	cintura di sicurezza チントゥーラ ディ シクレッツァ	シート ベルト	controllo d'entrata コントロッロ デントラータ	入国管理
cartolina カルトリーナ	絵はがき	città チッタ	市街	controllo passaporti コントロッロ パッサポルティ	出入国管理
casa カーザ	家庭	cocktail コックテル	カクテル		
casinò カジノ	カジノ	colazione コラッツィオーネ	朝食	coperta コペルタ	毛布
cassa カッサ	会計	collana コッラーナ	ネックレス	copia コピア	コピー
cassaforte カッサフォルテ	金庫	collirio コッリッリオ	目薬	corpo コルポ	体
cassetta delle lettere カッセッタ デッレ レッテレ	ポスト	collo コッロ	首	correre コッレレ	走る
cattivo カッティーヴォ	まずい	colore コローレ	色	cortesia コルテジーア	礼儀
cellulare チェルラーレ	携帯電話	colto コルト	短い	costo di trasporto コスト ディ トラスポルト	運賃
cena チェーナ	夕食	commissione コミッシィオーネ	手数料	cotone コトーネ	コットン・ 綿
ceramiche e porcellane チェラーミケ エ ポルチェラーネ	陶磁器	compleanno コンプレアンノ	誕生日	coupon クーポン	クーポン
		comprare コンプラーレ	買う	cravatta クラヴァッタ	ネクタイ
cercare チェルカーレ	探す	computer コンピューター	パソコン	cucchiaio クッキアーイオ	スプーン
cestino チェスティーノ	ごみ箱	concierge コンシェルジュ	コンシェル ジュ		
check-in チェック イン	チェック イン	condimento コンディメント	調味料	cucina クチーナ	台所

cucina クチーナ	料理	distinzione di sesso ディスティンツィオーネ ディ セッソ	性別	dottore／medico ドットーレ／メーディコ	医者
cura クーラ	治療	distributore ディストリブトーレ	自動販売機	durante l'uso ドゥランテ ルーゾ	使用中
cuscino クッシーノ	枕	dito ディート	指	durante la pulizia ドゥランテ ラ プリツィーア	掃除中
		ditta ディッタ	会社	duty-free デューティフリー	免税

D

denaro デナーロ	金（かね）	diverso ディヴェルソ	違う		

E

deposito ディポージト	預金	divieto di sosta ディヴィエート ディ ソスタ	駐車禁止	economico エコノーミコ	安い
destinazione デスティナッツィオーネ	行き先	divieto di transito デヴィエト ディ トランジト	通行止め	effetto エフェット	効果
destro デストロ	右	doccia ドッチャ	シャワー	entrare エントラーレ	入る
di stile occidentale ディ スティーレ オッチデンターレ	洋式	documentazione dell'incidente ドクメンタッツィオーネ デッリンチデンテ	事故証明書	entrata エントラータ	入り口
dichiarazione ディキアラツィオーネ	申告	documento ドクメント	書類	esaurimento エザウリメント	売り切れ
differenza ディフェレンツァ	差額	documento di immigrazione ドクメント ディ イミグラッツィオーネ	入国カード	esposizione エスポジッツィオーネ	展覧会
difficile ディフィーチレ	難しい	dogana ドガーナ	税関	espresso エスプレッソ	速達
direzione ディレッツィオーネ	方角	dolce ドルチェ	デザート	est エスト	東
diritto ディリット	まっすぐ	dolore ドローレ	痛み	excel エクセル	エクセル

F

diritto ディリット	表	doloroso ドロローゾ	痛む	famiglia ファミッリア	家族
discoteca ディスコテーカ	ディスコ	domani ドマーニ	明日	famoso ファモーゾ	有名な
disegno ディセニョ	デザイン	dopodomani ドーポドマーニ	明後日	fare un'inchiesta ファーレ ウニンキエスタ	調査する
disinfezione ディスインフェツィオーネ	消毒			farmacia ファルマチーア	薬局
distinta ディスティンタ	明細書			fastidio ファスティーディオ	迷惑

fatto a mano ファット ア マーノ	手製の
fattura ファットゥーラ	請求書
fax ファックス	ファクシミリ
fazzoletto ファッツォレット	ハンカチ
febbre フェッブレ	熱
fermata di autobus フェルマータ ディ アウトブス	バス停
fermata di pullman フェルマータ ディ プルマン	停留所（長距離バスの）
ferro da stiro フェッロ ダ スティーロ	アイロン
ferrovia フェッロヴィーア	鉄道
festa フェスタ	祭り
fetta di carne alla griglia フェッタ ディ カルネ アッラ グリッリア	焼肉
figlia フィリア	娘
figlio フィリオ	息子
fiume フューメ	川
forbici フォルビチ	はさみ
fotografia フォトグラフィーア	写真
fragile フラージレ	取扱い注意
francobollo フランコボッロ	切手

freddo フレッド	寒い
frigorifero フリゴリッフェロ	冷蔵庫
frutta フルッタ	果物
fuori フォーリ	外
furto フルト	盗難

G

gabinetto ガビネット	便器
gambero ガンベロ	エビ
gatto ガット	猫
ghiaccio ギアッチョ	氷
giardino ジャルディーノ	庭
gioiello ジョイエッロ	宝石
giornale ジョルナーレ	新聞
giorno della partenza ジョルノ デッラ パルテンツァ	出発日
giubbotto di salvataggio ジュボット ディ サルヴァタッジョ	救命胴衣
gomito ゴーミト	肘
gomma ゴンマ	ガム
grande magazzino グランデ マガジィーノ	デパート

gratis グラティス	無料
gruppo sanguigno グルッポ サングイニョ	血液型
guida per l'uso グイーダ ペル ルーゾ	説明書
guida turistica グイーダ トゥリスティカ	ガイドブック

H

hobby ホッビー	趣味

I

I.V.A イーヴァ	付加価値税
ieri イエーリ	昨日
imballaggio インバッラッジョ	包装
imbarco インバールコ	搭乗
imitazione イミタッツィオーネ	偽物
incidente インチデンテ	事故
incidente stradale インチデンテ ストラダーレ	交通事故
incontrare インコントラーレ	会う
indirizzo インディリッツォ	連絡先
indirizzo／destinatario インディリッツォ／デスティナターリオ	住所(宛先)
inglese イングレーゼ	英語
iniezione イニエツィオーネ	注射

modulo di dichiarazione doganale モードゥロ ディ デキアラッツィオーネ ドガナーレ	税関申告書
moglie モッリエ	妻
mondo モンド	世界
moneta モネータ	硬貨
montagna モンターニャ	山
morbido モルビド	柔らかい
museo ムゼオ	博物館

N

nave ナーヴェ	船
nazionalità ナツィオナリタ	国籍
negozio ネゴッツィオ	店
negozio di alimentari ネゴッツィオ ディ アリメンターリ	食料品店
negozio di confezioni ネゴッツィオ ディ コンフェツィオーニ	洋服店
negozio duty-free ネゴッツィオ デューティフリー	免税店
neve ネーヴェ	雪
night club ナイト クラップ	ナイト クラブ
nome ノーメ	名前

non fumatori ノン フマトーリ	禁煙
nord ノルドゥ	北
notizia ノティツィア	ニュース
notte／ore notturne ノッテ/オーレ ノットゥルネ	夜間
numero del posto ヌメロ デル ポスト	座席番号
numero della camera ヌメロ デッラ カーメラ	部屋番号
numero di codice ヌメロ ディ コーディチェ	暗証番号
numero di prenotazione ヌメロ ディ プレノタッツィオーネ	予約番号
numero di telefono ヌメロ ディ テレーフォノ	電話番号
numero di uscita d'imbarco ヌメロ ディ ウッシータ ディンバールコ	ゲート番号
numero di volo ヌメロ ディ ヴォーロ	便名
nuovo ヌォーヴォ	新しい

O

occupato al telefono オクパート アル テレーフォノ	通話中
oggetto di valore オジェット ディ ヴァローレ	貴重品
oggi オッジ	今日

operazione／intervento オペラツィオーネ／インテルヴェント	手術
opuscolo オプースコロ	パンフレット
ora d'imbarco オーラ ディンバールコ	搭乗時間
ora della partenza オーラ デッラ パルテンツァ	出発時間
ora di chiusura オーラ ディ キウズーラ	閉館時間
ora fissata オーラ フィッサータ	定刻
ora locale オーラ ロカーレ	現地時間
orario オラーリオ	時刻表
orario di chiusura オラーリオ ディ キウズーラ	開館時間
ordinare オルディナーレ	注文する
orologio オロロッジョ	時計
ospedale オスペダーレ	病院
ospite オスピテ	客
ovest オヴェスト	西

P

pacco パッコ	小包
paese パエーゼ	国
pagamento differito パガメント ディフェリート	後払い

panetteria パネッテリーア	パン屋	pesante ペザンテ	重い	posto fumatori ポスト　フマトーリ	喫煙席
panorama パノラーマ	景色	pesca ペスカ	釣り	posto libero ポスト　リーベロ	自由席
pantaloni パンタローニ	ズボン	piano ピアーノ	ゆっくりと	posto non fumatori ポスト　ノン　フマトーリ	禁煙席
parcheggio パルケッジョ	駐車場	piano partenza ピアーノ　パルテンツァ	出発ロビー	posto prenotato ポスト　プレノタート	指定席・予約席
parlare パルラーレ	話す	pianta della città ピアンタ　デッラ　チッタ	市街地図	prenotare プレノターレ	予約する
parola パローラ	ことば	piccolo supermercato aperto 24 ore ピッコロ　スーペルメルカート　アペールト　ヴェンティクアットロ　オーレ	コンビニ	prenotazione プレノタッツィオーネ	予約
partenza パルテンツァ	出発			Presidente プレジデンテ	大統領
passaporto パッサポルト	パスポート（旅券）	pietanza ピエタンツァ	おかず	pressione del sangue プレスィオーネ　デル　サングエ	血圧
passato パッサート	昔	pioggia ピオッジャ	雨		
pasto パスト	食事	poco profondo ポコ　プロフォンド	浅い	presto プレスト	早い
patente internazionale パテンテ　インテルナッツィオナーレ	国際運転免許証	polizia ポリツィア	警察	previsione プレヴィジオーネ	予報
pelle ペッレ	皮膚	portafoglio ポルタフォーリオ	財布	previsione meteorologica プレヴィジオーネ　メテオロロジカ	天気予報
pelliccia ペリッチャ	毛皮	posacenere ポザチェーネレ	灰皿	prezzi プレッツィ	物価
pepe ペーペ	コショウ	posporre ポスポッレ	延期する	prezzo プレッツォ	値段
peperoncino ペペロンチーノ	唐辛子	possibilità ポッシビリタ	可能	prezzo del servizio プレッツォ　デル　セルヴィッツィオ	サービス料
perdere ペルデレ	漏れる	posta ポスタ	郵便		
perdita ペルディタ	紛失	posteggio dei taxi ポステッジョ　デイ　タクシー	タクシー乗り場	prezzo della camera プレッツォ　デッラ　カーメラ	部屋代
pericolo ペリーコロ	危険	posto ポスト	席	prezzo della gita プレッツォ　デッラ　ジータ	ツアー料金
permanente ペルマネンテ	パーマ	posto di polizia ポスト　ディ　ポリッツィア	派出所	prezzo extra プレッツォ　エクストラ	別料金

204

prezzo più basso プレッツォ ピュー バッソ	最低料金
primo treno プリモ トレーノ	始発列車
prodotto speciale プロドット スペチャーレ	特産品
profondo プロフォンド	深い
programma プログランマ	予定・プログラム
proprio quel giorno プロプリオ クエル ジョルノ	当日
pullman プルマン	長距離バス
pullman turistico プルマン トゥリスティコ	観光バス
pulsante di scarico プルサンテ ディ スカーリコ	洗浄ボタン

基本会話
見どころ
グルメ
ショッピング
エンタメ
ビューティ
ホテル
乗りもの
基本情報
単語集

Q

questura クエストゥーラ	警察署

R

radio ラーディオ	ラジオ
rafano bianco giapponese ラファノ ビアンコ ジャッポネーゼ	大根
raffreddore ラフレッドーレ	風邪
raggi X ラッジ イックス	レントゲン
rasoio ラソーイオ	剃刀
reception レセプシォン	フロント

resto レスト	おつり
ricetta リチェッタ	処方箋
ricevere リチェーヴェレ	受け取る
ricevuta リチェヴータ	領収書
riconfermare リコンフェルマーレ	再確認する
rilascio リラッショ	再発行
rimandare リマンダーレ	返品する
riscaldamento リスカルダメント	暖房
riso リーゾ	ごはん
ristorante リストランテ	レストラン
rossetto ロッセート	口紅
rosso ロッソ	赤
rullino ルッリーノ	フィルム
rumoroso ルモローゾ	うるさい

S

sacchetto di carta サケット ディ カルタ	紙袋
sala d'attesa サラ ダテーザ	待合室
sala di ricreazione サラ ディ リクレアッツィオーネ	休憩室
saldi サルディ	バーゲン

sale サーレ	塩
salire サリーレ	乗る
sangue サングエ	血
sapone サポーネ	石鹸
scadenza スカデンツァ	有効期間
scarpe スカルペ	靴
sciarpa シャルパ	スカーフ
sconto スコント	割引き
scopo スコーポ	目的
scrivere スクリーヴェレ	書く
scuola スクオーラ	学校
scuro スクーロ	暗い
sedativo セダティーヴォ	鎮痛剤
sedia a rotelle セーディア ア ロテッレ	車椅子
segreto セグレート	秘密
self-service セルフ セールヴィス	セルフサービス
senza coloranti センツァ コロランティ	無着色
senza conservanti センツァ コンセルヴァンティ	無添加
separatamente セパラタメンテ	別々
seppie in salamoia セッピエ イン サラモイア	塩辛

イタリア語	日本語	イタリア語	日本語	イタリア語	日本語
sereno セレーノ	晴れている	spesso スペッソ	厚い	tagliando タリアンド	引換証
serie セーリエ	セット	spettattore スペッタトーレ	観客	tariffa タリッファ	料金
servizio in camera セルヴィツィオ イン カーメラ	ルームサービス	spingere スピンジェレ	押す	tariffa del taxi タリッファ デル タクシー	タクシー料金
shampoo シャンポー	シャンプー	stagione スタッジョーネ	季節	tariffa d'ingresso タリッファ ディングレッソ	入場料
sicurezza シクレッツァ	安全	stanco スタンコ	疲れる	tariffa postale タリッファ ポスターレ	郵便料金
sigaretta シガレッタ	たばこ	stazione スタッツィオーネ	駅	tariffe telefoniche タリッフェ テレフォーニケ	電話料金
sinistra シニストラ	左	stazione di metro スタッツィオーネ ディ メトロ	地下鉄駅	tasse タッセ	税金
sistemare システマーレ	整理する	stazione di servizio スタッツィオーネ ディ セルヴィッツィオ	ガソリンスタンド	tasse di aeroporto タッセ ディ アエロポールト	空港税
smalto スマルト	マニキュア	stitichezza スティティケッツァ	便秘	taxi タクシー	タクシー
sopra ソープラ	上	strada／via ストラーダ／ヴィア	通り	tè テ	紅茶
sopracciglia ソープラチッリア	眉毛	strada／via ストラーダ／ヴィア	道	teatro テアートロ	劇場
sottile／spesso ソッティーレ／スペッソ	薄い(厚さ)	studente／tessa ストゥデンテ／テッサ	学生	telefonare テレフォナーレ	電話をかける
sotto ソット	下	succo スッコ	汁	telefonata a carico テレフォナータ ア カーリコ	コレクトコール
spaghetti cinesi in brodo スパゲッティー チネージ イン ブロード	ラーメン	supermercato スーペルメルカート	スーパーマーケット	telefonata urbana テレフォナータ ウルバーナ	市内通話
spalla スパッラ	肩	supplemento スップレメント	追加料金	telefono テレーフォノ	電話
spazzolino da denti スパッツォリーノ ダ デンティ	歯ブラシ	sveglia ズヴェッリア	目覚まし時計	telefonata interurbana テレーフォナータ インテルウルバーナ	長距離電話
speciale スペチャーレ	特別な	sviluppo ズヴィルッポ	現像	telegramma テレグランマ	電報
spesa スペーザ	買物	**T**		televisore テレヴィゾーレ	テレビ
spese d'albergo スペーゼ ダルベルゴ	宿泊料	taglio／misura タッリオ／ミズーラ	サイズ		

206

基本会話
見どころ
グルメ
ショッピング
エンタメ
ビューティ
ホテル
乗りもの
基本情報
単語集

temperatura テンペラトゥーラ	気温・体温	ufficio informazioni ウッフィーチョ インフォルマッツィオーニ	案内所	volo turistico ヴォーロ トゥリスティコ	遊覧飛行
tempio テンピオ	寺			vomitare ヴォミターレ	吐く
tempo テンポ	天気	ufficio postale ウッフィーチョ ポスターレ	郵便局	**Z**	
tempo libero テンポ リーベロ	自由時間	ufficio turistico ウッフィーチョ トゥリスティコ	観光案内所	zanzara ザンザーラ	蚊
tennis テニス	テニス	ultimo treno ウルティモ トレーノ	終電	zia ツィーア	叔母・伯母
termometro テルモーメトロ	体温計	uovo ウォーボ	卵	zio ツィーオ	叔父・伯父
terra テッラ	土	uscita ウッシータ	出口	zucchero ズッケロ	砂糖
tetto テット	屋根	uscita d'imbarco ウッシータ ディンバールコ	搭乗ゲート		
tirare ティラーレ	引く	uscita di sicurezza ウッシータ ディ シクレッツァ	非常口	**メニューの単語**	
tornare トルナーレ	帰る	ustioni ウスティオーニ	やけど	antipasto アンティパスト	前菜
totale トターレ	合計	**V**		carne カルネ	肉料理
traveler's check トラヴェラーズ チェック	トラベラーズ チェック	vecchio ヴェッキオ	古い	condimento コンディメント	ドレッシング
treno トレーノ	列車	vento ヴェント	風	contorno コントルノ	つけあわせ
treno rapido トレーノ ラピド	特急	vicino alla finestra ヴィチーノ アッラ フィネストラ	窓側の	dolce ドルチェ	デザート
turismo トゥリズモ	観光	vietato fotografare ヴィエタート フォトグラファーレ	撮影禁止	frutta フルッタ	フルーツ
U				insalata インサラータ	サラダ
uccello ウッチェッロ	鳥	vietato flash ヴィエタート フラッシュ	フラッシュ 禁止	pasta パスタ	パスタ
ufficio cambio ウッフィーチョ カンビオ	両替所	voli internazionali ヴォーリ インテルナッツィオナーリ	国際線	primo piatto プリーモ ピアット	プリモ・ ピアット （第1の皿）
ufficio cambio pubblico ウッフィーチョ カンビオ プッブリコ	公認両替商	volo ヴォーロ	便	second piatto セコンド ピアット	セコンド・ ピアット （第2の皿）
				vino ヴィーノ	ワイン

ことりっぷ co-Trip 会話帖

イタリア語

STAFF

● 編集
ことりっぷ編集部
カルチャー・プロ
星野佐奈絵

● 執筆
ことりっぷ編集部
カルチャー・プロ

● 写真
ことりっぷ編集部

● 表紙
GRiD

● フォーマットデザイン
GRiD

● キャラクターイラスト
スズキトモコ

● 本文イラスト
ずんだちるこ

● 本文デザイン
GRiD

● DTP制作
明昌堂

● 校正
山下さをり
アークコミュニケーションズ

2024年1月1日 2版1刷発行

発行人　川村哲也
発行所　昭文社

本社：〒102-8238東京都千代田区麹町3-1

☎0570-002060（ナビダイヤル）
IP電話などをご利用の場合は☎03-3556-8132
※平日9:00〜17:00（年末年始、弊社休業日を除く）

ホームページ：https://www.mapple.co.jp/